죽는 법을 모르는데
사는 법을 어찌 알랴

산중에 사는 한 수행자가
불교의 우화모음집 《백유경》을 통해
어리석은 세상을 깨우쳐주는 이야기

죽는 법을 모르는데
사는 법을 어찌 알랴

| 조오현 엮음 |

참글세상
1% 나눔의 기쁨

책머리에

사람에게는 사람의 길이 있고, 축생에게는 축생의 길이 있다.

사람은 비록 몸을 진흙탕 속에 빠뜨렸더라도 생각은 늘 바르고 높게 가지려고 한다. 욕심대로 자기 몫만을 챙기려 하지 않고 다른 사람의 입장을 살펴 양보할 줄 안다. 화나는 일이 있어도 지긋하게 눌러 참고 어려운 일을 당해도 반드시 좋아질 날이 있을 것을 기다리며 희망을 잃지 않는다.

그러나 축생들은 사람과 다르다. 그들은 생각할 능력이 없고 지혜가 부족하기 때문에 모든 것을 본능에 내맡긴다. 먹이가 있으면 우선 자기 배부터 채우려 하고, 남을 이기기 위해서는 언제나 이빨을 내놓고 으르렁거린다. 힘센 동물을 만나면 꼬리를 내리고 약한 상대를 만나면 두 눈을 부라리며 으스댄다. 화부터 먼저 내고, 아귀처럼 욕심을 부린다 해도 축생의 세계에서는 전혀 허물이 되지 않는다.

사람이 사는 법과 축생이 사는 법이 이렇게 판이한데도 요즘 세상을 보면 사람으로 살기보다는 축생으로 살기를 작정한 사람이 더 많은 것 같다. 겉모습은 분명히 사람의 모습이지만 사는 꼴은 축생의 그것을 닮아가고 있다. 그들은 축생처럼 사는 것이 사람이 사는 방법인 줄 안다.

사람이 축생처럼 살면서도 그것을 모르는 것은 어리석음의 안개에 휩싸여 있기 때문이다. 그 안개를 걷어내지 않는 한 사람은 영원히 '사람이란 이름의 축생'으로 살아가야 한다. 현대의 종교가 할 일은 무엇보다도 이 사실부터 일깨워주는 것이다.

불교의 ≪백유경≫은 사람이라는 이름의 축생으로 살아가는 어리석은 중생들에게 큰 깨우침과 교훈을 주는 경전이다. 인도의 상가세나[Saṅghasena, 승가사나(僧伽斯那)] 스님이 여러 경전 가운데 재미있는 우화 100여 가지(정확하게는 98가지)를 가려 뽑아 편찬한 이 경전은 사람들의 어리석음을 꼬집는 내용으로 가득하다. 그래서 이 경은 492년[남제(南齊)의 무제(武帝) 10년] 중인도 출신의 구나브릿디[Guṇavṛddhi, 구나비지(求那毘地)] 스님이 중국어로 옮긴 이래 많은 사람들에게 널리 읽혀 왔다. 특히 스님들은 설법 재료로 ≪백유경≫의 우화를 자주 인용해 왔다.

≪백유경≫의 매력은 무엇보다도 재미있고 읽기 쉽다는 데 있다. ≪이솝 우화≫는 동물을 주인공으로 하고 있지만, ≪백유경≫의 우화는 사람이 주인공이어서 훨씬 더 친밀감을 느끼게 한다. 사람들은 ≪백유경≫을 읽으면서 '이런 미련하고 어리석기가 축생보다 못한 사람 같으니……' 하고 혀를 끌끌 찬다. 그런 뒤 책장을 덮고

나면 그 어리석기가 축생 같은 사람이 바로 자기 자신임을 깨닫게 된다. ≪백유경≫이 단순한 재미 이상의 교훈적 감동을 주는 이유도 여기에 있다.

필자는 몇 년 전에 동국역경원에서 한글로 번역한 이 경을 읽고 참으로 많은 깨우침과 교훈을 얻었다. 그 감동을 언젠가는 이웃과 함께 나누었으면 하는 발원(發願)을 가지고 있었는데 이번에 인연이 닿아 한 권의 책으로 펴내게 되었다. 그러나 탈고를 하고 나서 다시 읽어보니 너무 상식적인 '군말'만 늘어놓은 것이 아닌가 하는 아쉬움도 없지 않다.

하지만 오늘 우리의 삶이 바로 그 상식을 외면한 채 '특별한 짓'들을 너무 많이 하는 데 문제가 있다면, 이런 상식적인 군말도 필요하겠다는 생각에서 감히 출판의 용기를 냈다. 독자들은 논리의 비약이 심한 필자의 '군말'보다는 우화 속에 담긴 교훈의 참뜻을 놓치지 말고 읽어주었으면 한다.

설악산에서
필자 합장

글 담은 순서

넷째 마디

다섯째 마디

첫째 마디

어울리지도 않고 몸에도 맞지 않는 옷을 입는 것처럼
부자연스러운 일도 없다.
종교적 수양을 쌓지 않는 사람이 법의(法衣)를 걸쳤을 때도 마찬가지다.
고양이는 아무리 호랑이 가죽을 뒤집어써도 고양이일 뿐이다.
품격에 맞지 않는 비싸기만 한 옷보다
어울리는 옷을 입을 줄 아는 사람이 진짜 멋쟁이다.

_ 몸에 맞지 않는 옷 중에서

어리석은 사람의 소금 먹기

어떤 사람이 초대를 받아 친구 집을 방문하게 되었다. 친구는 여러 가지 음식을 차려 내놓았는데, 부엌에서 일하는 사람이 간을 못 맞춰 조금 싱거웠다.

"음식이 너무 싱거워 맛이 없네."

그가 불평을 하자 친구는 미안해하면서 음식에 소금을 뿌려 간을 맞췄다. 그제서야 음식을 맛있게 먹을 수 있었다. 그리고 이렇게 생각했다.

'내가 음식을 맛있게 먹은 것은 소금 때문이었다. 주인이 간을 맞추느라고 조금만 넣었는데도 그렇게 맛있었으니 많이 넣으면 얼마나 맛있을까?'

집으로 돌아온 그는 그 후부터 음식을 먹을 때 무조건 소금을 많이 넣었다. 그러나 소금을 아무리 뿌려도 친구 집에서 먹은 그런 음식 맛이 나질 않았다. 그는 자기가 소금을 덜 넣어서 그런 줄 알고 점점 더 많이 넣었다. 그럴수록 음식은 점점 더 맛이 없어졌다.

나중에 그는 완전히 입맛을 잃고 도리어 병만 얻게 되었다.

쾌락이란 마약과도 같은 것이다. 한번 발을 들여놓으면 좀처럼 발을 빼기가 어렵다. 뿐만 아니라 한번 시작하면 더욱 강력하고 자극적인 데로 발전한다. 그리하여 마침내 몸을 상한다. 그런 뒤에야 비로소 후회를 한다. 그러나 이미 망가진 몸을 어떻게 회복할 수 있을 것인가?

물론 세상을 사는 데 적당한 즐거움이 없다면 그야말로 무미건조하여 아무 재미도 없을 것이다. 어떤 의미에서 적당한 재미와 쾌락은 살아가는 즐거움일 수도 있다.

문제는 도를 넘는 데 있다. 어떤 일도 지나치거나 도를 넘어서 좋을 것이 없다. 술도 적당히 마시면 약이 되지만, 많이 마셔서 지나치면 패가망신의 원인이 된다. 집에서 만드는 음식도 조미료를 적당히 넣어야 제 맛이 나지, 지나치거나 모자라면 짜거나 싱거워서 먹을 수 없다.

세상 이치가 모두 그러한데도 사람들은 이것을 잊어버리기 일쑤다. 쾌락을 탐하는 것도 그렇다. 적당히 즐기고 절제만 할 줄 안다면 쾌락은 삶의 활력이 된다. 언제나 문제가 되는 것은 지나침이다.

옛날 어머니들은 젊은 아들이 결혼을 하면 갓 시집 온 새색시한

테 은밀한 당부를 했다. 젊은 혈기에 방사(房事)가 잦으면 건강을 해칠 수도 있으니 절제하라는 것이다. 젊은 부부가 이 당부를 잊고 멋대로 행동하는 것 같으면 어머니는 아들을 불러 당신 방에 재웠다. 자식에게 '쾌락의 절제'를 가르치기 위해서였다.

안타까운 것은 요즘 우리들의 삶이다. 사람의 말초를 자극하는 각종 오락문화가 범람하는데도 누구 한 사람 그것을 억제하거나 말리려 하지 않는다. 오히려 알 만한 어른들이 부추기고 앞장서는 형편이다. 날로 번창하는 것이 술집이요 도박장이요 오락실이다. 심지어는 인간의 욕망을 억제하는 것은 위선이라고 몰아붙이는 주장까지 생겨나고 있다.

소금은 많이 먹을수록 물을 켠다. 어디서 멈춰야 할지를 모르면 끝내는 파멸로 향할 뿐이다. 쾌락도 마찬가지다. 좋다고 생각될 때 거기서 멈추는 절제의 미덕이 없으면 돌이킬 수 없는 곳으로 떨어지게 된다.

바보의 우유 저장법

젖소 한 마리를 키우는 사람이 있었다. 그는 매일같이 우유를 짜서 식구들과 함께 맛있게 먹었다.

어느 날 그는 손님을 초대해 맛있는 우유를 대접하기로 했다. 손님을 대접하려면 많은 양의 우유가 필요했다. 그 우유를 어떻게 마련할까 궁리하던 끝에 묘안을 떠올렸다.

'내가 날마다 우유를 짜서 모아두려고 해도 어디 모아둘 곳이 마땅치 않다. 또 귀찮기도 하다. 뿐만 아니라 맛도 변해 못 먹게 될지도 모른다. 그러니 우유를 짜지 말고 차라리 며칠 동안 소 뱃속에 저장해두었다가 한꺼번에 짜는 것이 좋겠다.'

이렇게 생각하고 그날부터 우유를 짜지 않았다. 송아지가 어미 소의 젖을 빨아먹을까봐 따로따로 매두었다. 어미 소의 뱃속에 우유를 조금이라도 많이 저장하기 위해서였다.

한 달 뒤, 그는 잔치를 열고 손님을 맞이하였다. 사람들이 모여들자 드디어 그는 항아리를 들고 우유를 짜러 나갔다. 그런데 어찌된 일인가? 한 달 동안 뱃속에 저장해두었던 우유가 한 방울도 나오지 않았다. 그동안 젖을 짜주지 않아서 그 젖소는 젖이 다 말라버렸던 것이다. 이를 본 손님들은 돌아서서 그의 어리석음을 비웃었다.

어리석은 사람도 이와 같다. 그는 보시(布施)를 하려다가 '내게 재물이 많으면 한꺼번에 하리라'고 생각하고 자꾸 그 기회를 뒤로 미룬다. 그러나 재물을 모은다는 것은 끝이 없다. 또 모아 놓은 재물은 언제 어떻게 유실될지도 모른다. 예를 들면 불의의 화재를 당할 수도 있고 도둑맞을 수도 있다. 이렇게 되면 그는 영원히 보시할 기회를 놓치게 된다.

속담에도 '내일 보자는 놈 무섭지 않다'는 말이 있다. 내일이 되기 전에 어떤 일이 생길지 모르는데 어떻게 내일을 기약할 수 있겠느냐는 것이다.

선행(善行)이란 내일로 미루면 이미 늦다. 굶주린 사람을 보고 '내가 돈 많이 번 다음에 도와주어야지' 생각하고 그냥 지나쳤다고 하자. 몇 년 뒤 정말 돈을 많이 벌어서 굶주린 사람을 도와주려고 그곳을 찾아가보면 굶주린 사람은 그 자리에 없다. 그동안 이미 굶어 죽었거나 아니면 다른 곳으로 떠나버린 것이다. 그제야 후회해도 소용없다. 한 번 놓친 기회는 영원히 돌아오지 않는다.

남이 어려운 사정에 빠졌을 때 선뜻 도와주지 못하는 것은 솔직히 말해 아직 선행을 실천할 마음이 없기 때문인 경우가 더 많다. '아직 여유가 없어서……' 어쩌고 하는 것은 따지고 보면 나누어주기 아까워서 하는 변명에 지나지 않는다. 나누어주겠다는 마음만 있다면 콩 반쪽인들 못 나눠주겠는가?

무엇이든 마음먹었을 때, 그때 해두는 것이 좋다. 그것이 선행이라면 더더욱 내일로 미룰 까닭이 없다. 일일일선(一日一善)의 실천은 오늘부터 해야 한다.

대머리 사나이의 과대망상

머리카락이 하나도 없는 대머리 사나이가 있었다. 그는 자신이 다른 사람과 달리 머리카락이 없다는 사실에 큰 자부심을 가지고 있었다. 남들보다 어딘가 다른 데가 있다는 것이 사나이의 자존심을 지탱하는 기둥이었다.

그런데 어느 날 장난기 많은 어떤 사람이 배(梨)를 가지고 와서 그의 머리를 때렸다. 배는 산산조각이 났다. 그러자 그는 재미있다는 듯 두 번, 세 번, 계속 배를 머리에 던졌다. 대머리 사나이의 머리에는 상처가 났지만 그는 잠자코 참으면서 피하지 않았다.

"아니 이 사람아, 왜 피하지 않는가? 머리에 상처가 나서 피가 흐르고 있지 않은가?"

옆에서 보던 사람이 딱하다는 투로 말했다. 이 말을 듣고 대머리 사나이는 점잖게 대답했다.

"저 사람은 자신의 힘을 믿고 교만하다. 아무 데서나 힘자랑을 하니 어리석지 않은가? 그는 내 머리를 돌(石)이라 생각하고 배를 던지는 모양인데, 내가 그를 상대로 싸운다면 똑같은 사람이 될 게 아닌가? 그래서야 되겠는가?"

옆에 있던 사람이 어이없다는 듯 말했다.

"이 사람아, 어리석기는 누가 어리석은가? 저 사람이 자네 대머리를 놀리느라고 배를 던졌는데 자네는 피하기는커녕 머리에 상처까지 났으니 정말 어리석은 것은 자네가 아닌가? 그리고 기왕 말이 나왔으니 하는 말인데, 자네의 그 대머리 말일세. 내가 보기에는 조금도 뽐낼 만한 것이 못 되네. 다른 사람보다 잘난 게 뭐 있는가?"

 예로부터 양반은 물에 빠져도 개헤엄은 안 친다고 했다. 체통을 가장 중시하는 양반이 어떻게 개처럼 찰박거릴 수 있냐는 것이다. 어찌 생각하면 일리가 있기도 하다. 사람이 사람다운 것은 어떤 경우에도 예의와 염치를 중요하게 생각하기 때문이다. 아무리 형편이 어렵고 상황이 급하다고 양심을 버리고 도덕과 정의를 팽개친다면 그를 어찌 훌륭한 사람이라 할 수 있겠는가? 옛 선비들이 초가집에서 끼니 걱정을 하며 살되 비굴하지 않고 지조를 지킨 것은 아름다운 일이다. 만약 사람에게 그런 정도의 자존심도 없이 먹이 앞에서 개처럼 혀를 내밀고 헐떡거리기만 한다면 동물과 다를 것이 무엇이겠는가?

그러나 이러한 기준이 모든 상황에 다 적용되는 것은 아니다. 아무리 선비라고 하더라도 물에 빠졌다면 우선 물 밖으로 나오는 것이 중요하다. 급류에 휩쓸려 목숨을 잃는다면 체면이 무슨 소용이고 자존심이 무슨 소용이겠는가?

전쟁에 나간 군인의 미덕은 용기다. 총탄이 비 오듯 쏟아지는 적진을 향해 용감히 돌진하는 것이 군인이 할 일이다. 하지만 아무리 용기가 미덕이라고 해도 엄폐와 은폐를 무시하고 함부로 내달리다가는 한 발자국도 전진하지 못하고 쓰러지게 된다. 이럴 때 총탄을 피할 수 있는 곳을 찾는 것은 비겁함이 아니라 지혜다. 용기가 미덕이긴 하지만 전쟁 때에 용기보다 더 큰 미덕은 최후의 승리이기 때문이다. 이 대목에서 우리는 조심해야 한다. 용기를 갖되 만용을 부려서는 안 된다는 것이다.

평생을 절조 있게 살다가 한순간 삐끗하여 진흙탕에 발을 내딛는 사람이 있는가 하면, 평소에는 죽은 듯이 지내다가 꼭 필요한 때에 한몫을 하는 사람이 있다.

진정한 지혜란 선반 위에 올려둔 불변의 원칙이 아니라 구체적 상황에 적응할 수 있는 대안이 되어야 한다. 자기에게 날아오는 돌멩이를 피하지는 않고 돌을 던지는 사람의 무지를 탓하는 것이야말로 앞뒤를 가리지 못하는 어리석음이다. 더욱이 자신의 어리석음은 모르고 남만 탓하는 행위는 과대망상에 불과하다.

바람난 아내를 둔 사나이

　그의 아내는 매우 뛰어난 미인이었다. 그는 아내를 마음으로부터 사랑하고 소중하게 여겼다.

　그러나 아내는 진실하지 못하여 남편의 사랑에도 불구하고 다른 남자와 놀아났다. 남편 몰래 바람을 피우는 일이 도가 지나쳐 어느 날 남편을 속이고 도망을 가려는 음모를 꾸몄다. 음탕한 아내는 남편이 어리석은 것을 알고 어떤 노파에게 이렇게 부탁했다.

　"제가 떠나거든 할머니는 커다란 인형을 구해다가 안방에 두고 남편에게 제가 죽었다고 말해주세요."

　돈 몇 푼에 매수된 노파는 음탕한 여인이 도망친 뒤 그녀의 부탁대로 인형을 구해다가 안방에 놓고 이불을 덮어두었다. 며칠 뒤 남편이 돌아오자 노파는 천연덕스럽게 "당신 아내는 죽었다우." 하고 말했다. 아내가 죽었다는 말을 들은 남편은 슬피 울면서 괴로워했다. 그는 장작을 쌓고 가짜 시체를 태워 그 재를 자루에 담아서 밤낮으로 그것을 안고 지냈다.

한편 바람이 나서 도망갔던 음탕한 아내는 어느덧 새서방도 싫증이 났다. 그녀는 어느 날 새서방으로부터 도망쳐 집으로 돌아와 어리석은 남편에게 말했다.

"여보, 내가 돌아왔어요. 내가 당신의 아내랍니다."

그러나 남편은 그녀의 말을 믿지 않았다.

"내 아내는 이미 죽은 지 오래요. 당신은 누구인데 내 아내라고 하는 겁니까?"

음탕한 여인은 두 번 세 번 자기가 진짜 아내라고 말했으나 남편은 절대로 믿어주지 않았다.

 옛날이나 지금이나 남편 있는 여자가 바람을 피우는 일이 적지 않다. 반대로 아내 있는 남자가 바람을 피우는 일도 허다하다. 그런데 남편이든 아내든 바람을 피우는 사람에게는 몇 가지 공통점이 있다. 첫째는 대개 허영심이 많다는 점이고, 둘째는 겉과 속이 완전히 다른 이중인격의 소유자란 점이며, 셋째는 어찌됐든 자신의 입장을 변명하려고 한다는 점이다.

바람난 사람을 자세히 관찰해보면 그들은 뭔가 헛된 망상에 사로잡혀 있다. 배우자는 어딘가 부족하고 자기는 잘났기 때문에 짝이 안 맞는다거나, 예쁜 여자나 멋진 남자와 같이 있으면 자신도 그렇게 보일 거라는 착각에 사로잡혀 있다. 그러나 이런 당치도 않은 이유로 바람을 피우는 것을 세상은 용납하지 않는다. 그러다 보니 자연히 배우자를 속이고 세상을 속인다. 남을 감쪽같이 속이기 위해 짐짓 도덕적인 사람인 양 가장하려고 한다. 하지만 사람의 눈을 속이는 것도 한두 번이지 꼬리가 길면 밟히기 마련이다. 끝내는 부정(不貞)이 들통난다. 그러면 이때가 또 가관이다. 감히 고개를 들지 못할 부끄러운 일인데도 애써 말도 안 되는 변명을 늘어놓는다. 그 변명이란 것을 들어보면 그야말로 다종다양하다. 어쩌다가 저지른 실수라느니, 배우자가 수준에 맞지 않아 어쩔 수 없이 한눈을 팔게 되었다느니, 사람이 사람을 사랑하는 것이 무슨 허물이 되냐느니 등등 별별 구차한 말이 많다.

하긴 모든 배우자가 다 찰떡궁합일 수만은 없다. 때로는 상대방에 대해 조금은 불만이 있을 수 있다. '우리는 전혀 불만이 없다'고 말하는 것이 어쩌면 거짓말일지도 모른다.

그러나 부부란 무엇인가? 비록 남남이 만난 사이지만 서로가 부족한 것을 메워주는 것이 부부다. 남편이 아무리 훌륭해도 아이 낳는 일은 할 수 없다. 아내도 혼자만으로는 할 수 없는 일이 많다. 한 사람의 개체로는 모든 사람이 부족하다. 결혼은 그 부족함을 이기고 완전함을 이루기 위한 결합이다. 결혼을 하고 부부가 됨으로써 그때부터 둘이서 한 몸처럼 '완전'을 만들어 나가는 것이다.

완전이란 결코 쉽게 이루어지지 않는다. 100근짜리 노력을 기울였다고 반드시 100근짜리 결과가 나타난다는 보장은 없다. 90근짜리 또는 60근짜리 결과가 나타날 수 있다. 그렇지만 그것이 둘이서 한 몸이 되어 만들어낸 최선의 결과라면 거기에 승복해야 한다. 그래야 서로가 서로를 신뢰하게 되고 애정도 쌓여 간다.

인간의 내면에는 자신도 모르는 허영심, 이중인격, 이기적 변명이 자리 잡고 있다. 언제 어디서 비어져 나올지 아무도 모른다. 한번 그런 것이 비어져 나오면 부부관계는 금방 금이 간다. 책임을 상대방에게 전가하지 말고, 문제가 있으면 내가 먼저 고치려고 노력하고 상대방을 이해하려고 노력하는 자세가 중요하다.

엎질러진 물은 다시 담기 어렵고 깨진 유리는 다시 맞추기 어렵다. 그러나 스스로 억제하고 자신보다 아내(남편)를 먼저 생각하는 부부에게는 떡을 해놓고 빌어도 그런 불행한 일이 생기지 않을 것이다.

물 마시지 않는 이유

한 사나이가 여행을 하고 있었다. 오랫동안 뙤약볕 아래 여행을 했던 탓에 사나이는 몹시 목이 말랐다. 사나이는 더운 날씨에 숨을 헉헉 몰아쉬며 먹을 물을 찾았다.

얼마를 헤맨 사나이는 드디어 멀리 강물에서 아지랑이가 피어오르는 것을 발견했다. 사나이는 한달음에 달려갔다. 그러나 강가에 이른 사나이는 바라만 볼 뿐이었다. 이를 본 그의 친구들이 말했다.

"자네는 목이 말라 죽겠다더니 왜 강물을 보고도 마시려 하지 않는 건가?"

그러자 사나이는 이렇게 말했다.

"저 강물이 너무 많아 한꺼번에 다 마실 수 없네. 그러니 그대들이 다 마시고 나면 나는 그때 마시겠네. 어서 먼저들 마시게."

친구들은 그의 터무니없는 대답을 듣고 어이없어했다.

 요즘 젊은이들이 하는 농담 가운데 '국어공부를 제대로 하지 않아 주제파악을 못하고, 산수공부를 제대로 하지 않아 분수를 모른다'는 말이 있다.

말장난이긴 하지만 가만히 생각해보면 재미있는 말이다.

아무리 능력이 출중한 사람이라도 할 수 있는 일이 있고 할 수 없는 일이 있다. 어떤 일이든 맡겨만 놓으면 척척 해내는 만능인간 이란 존재할 수가 없다. 나폴레옹은 "불가능이란 없다."고 말했다지만 그것은 사람들에게 용기를 주기 위한 격려이지, 어떤 일도 가능하다는 뜻은 아니다. 사람들은 가끔 이 점을 잊고 무모하게 도전하려고 한다. 그러나 평생 시계를 수리하던 사람이 하루아침에 유명한 피아니스트가 될 수 없듯이 뭐든지 한다고 다 되는 것이 아니다. 할 일, 못할 일을 가릴 줄 아는 것은 그래서 중요하다.

그렇다고 시계수리공이 반드시 피아니스트로 성공할 수 없다는 얘기는 아니다. 누구에게나 내면에는 자신도 모르는 천부적인 재능이 잠재돼 있으므로, 그것을 계발한다면 안 될 일은 없을 것이다. 다만, 지금 여기서 말하고자 하는 것은 정확하게 자기의 능력을 평가하지 않고 무조건 어떤 일이라도 할 수 있다고 믿는 착각에 관한 것이다.

또 어느 정도의 능력이 있더라도 그 일에 기울일 시간의 길이와 성취의 정도에 관한 계산도 필요하다. 남들은 이미 20살에 능력을 인정받고 40, 50살에 대가(大家)가 되었는데 이제 그 일을 시작해 60, 70살에 어느 정도의 수준에 올랐다면 그것을 가리켜 성공했다고는 말하기 어렵다는 얘기다.

그런가 하면 반대의 경우도 생각할 수 있다. 조금만 노력하면 금방 성과를 거둘 수 있는 일도 미리 포기하는 것 역시 자기의 능력을 정확히 평가한 것이라고는 볼 수 없다.

어떤 할머니가 평생 글자를 알지 못해 답답하게 지내다가 늘그막에 한글을 깨우쳤다고 하자. 할머니의 행동은 겸허하고 용기 있는 것으로 칭찬받아 마땅하다. 이 경우를 가리켜 불가능은 없다고 하는 것이다. 노력한 만큼의 성과만 얻으려고 한다면 불가능은 없다. 그러나 그 이상의 결과를 바란다면 그것은 애당초 불가능하다.

문제는 목표를 어디에 두고, 어떤 노력을 얼마나 기울이느냐에 있다. 이것을 제대로 알 때 좌절과 실패를 그만큼 줄일 수 있다. 그러자면 먼저 자신의 능력을 제대로 파악하고 분수를 알아야 한다.

미리 포기할 필요는 없다. 그러나 무조건 덤벼드는 만용 역시 조심해야 한다.

내친결음에 아들 죽이기

옛날 어떤 사람이 일곱 명의 아들을 길렀다. 그런데 마침 몹쓸 전염병이 돌아 큰아들이 먼저 죽었다. 그는 아들이 죽자 시체를 집에 둔 채 길을 떠나려 했다. 이를 본 동네 사람이 말했다.

"산 사람과 죽은 사람의 길이 다른데 어째서 시체를 그냥 두는가? 빨리 장사를 지내 죽은 사람이 갈 곳으로 보내주게."

이 말을 들은 그는 이렇게 생각했다.

'만일 집에 두지 않고 꼭 장사를 지내야 한다면 조금 기다렸다가 둘째가 죽거든 함께 장사를 지내는 것이 더 낫겠다.'

며칠이 지난 뒤 병을 앓던 둘째가 죽었다. 그는 그제야 두 개의 상여를 만들어 장사를 지냈다. 동네 사람들은 일찍이 없던 일이라 뒤에서 수근거렸다.

이 일은 비유하면 이렇다.

어떤 수행자가 남몰래 한 가지 계율을 범했다. 그런데 수행자는 참회하기를 꺼려서 잠자코 허물을 덮어두려고 했다. 이를 본 도반이 말했다.

"수행자는 계율 지키기를 진주 보호하듯 해야 하거늘 당신은 왜 계율을 범하고도 참회하려고 하지 않는가?"

이에 파계한 수행자가 대답했다.

"기왕 참회를 해야 한다면 아예 다시 한 번 더 큰 허물을 범하고 그때 가서 해도 늦지 않으리."

수행자는 드디어 한 가지 계율을 더 깨뜨리고 난 다음에야 참회를 했다. 그것은 마치 한 어리석은 사나이가 큰아들이 죽으니 둘째 아들이 죽기를 기다렸다가 장사 지낸 것과 같은 것이었다.

 잠시 눈을 감고 생각해본다. 도대체 인간이 허물을 저지르지 않고 살아갈 수 있을까? 아무리 유리처럼 맑고 깨끗한 사람도 터럭만한 잘못도 저지르지 않고 살 수는 없을 것 같다.

사실 잘못은 누구에게나 있을 수 있다. 그러나 인격이 다듬어진 사람과 그렇지 못한 사람은 허물이나 잘못을 범했을 때 어떤 자세를 갖느냐에 차이가 있다.

인격이 다듬어진 사람은 잘못을 범했을 때 빨리 그것을 인정한다. 그리고 다시는 그와 같은 일을 반복하지 않기를 다짐한다. 또 그렇게 되기 위해 노력한다. 반대로 수양이 덜 된 사람은 허물이 있어도 그것이 잘못된 것인지조차 모른다. 설령 잘못인 줄 알았다 해도 애써 그 사실을 감추거나 변명하려 한다. 혹 남이 이 사실을 지적하면 수긍하기보다는 어깃장을 놓는다. '에잇, 기왕 잘못된 인생, 이러면 어떻고 저러면 어떠냐'면서 함부로 몸을 굴린다.

한 번 교도소에 다녀온 사람이 한 번도 다녀오지 않은 사람보다 재범(再犯)의 확률이 높은 것도 같은 이유다. 한 번 잘못했으니 다시는 이런 죄를 짓지 말아야겠다고 결심하는 것이 아니라 속된 말로 기왕 버린 몸이니 마구잡이로 살자는 식이다.

한 번 순결을 잃은 여자도 마찬가지다. 처음에는 순결을 잃었다는 사실이 무섭고 억울해 밤새도록 울다가도 어느새 몸을 내던진다. 여자의 순결을 밑천으로 '부끄러운 점포'를 차리고 장사를 하는 '거리의 꽃'은 대개 이런 과정을 거친 사람들이다.

이렇게 내팽개치듯 인생을 살아간다면 종말은 불 보듯 뻔하다. 감당할 수 없는 비극의 계곡만이 그가 가야 할 곳이다. 사람으로 태어나 하지 않아도 될 일을 해서, 가지 않아도 될 곳을 수없이 드나들어 좋을 것이 무엇이겠는가!

잘못은 한 번으로 족하다. 한 번의 잘못을 거울삼아 두 번 다시 그 같은 일을 되풀이하지 않는 데에 사람의 사람다움이 있는 것이다. 인격자가 뭐 특별한 사람인가? 잘못을 되풀이하지 않으려고 애쓰는 사람, 다시는 수렁에 발을 들여놓지 않으려는 사람이 인격자다. 기왕이면 이런 인격의 향기를 간직하고 사는 것이 사람으로 이 세상에 태어난 보람이 아닐지……

다시 눈을 감고 생각해본다.

'그렇다면 지금 나는 어떤 사람인가? 얼마나 그윽한 인격의 향기를 가진 사람인가?'

아첨꾼의 실체

그 사람의 얼굴은 단정했고 생각은 지혜로웠다. 재물도 많고 성품은 너그러웠다. 온 세상 사람들이 그를 칭찬하고 추종했다.

그를 따르는 사람 가운데 간교한 생각을 가진 자가 있었다. 그는 짐짓 칭찬받는 사람을 '나의 형님'이라고 불렀다. 그가 재물이 많기 때문에 그것을 빌려 쓰기 위함이었다. 그러나 빚을 갚을 때는 언제나 '나의 형님이 아니다.'라고 말했다. 곁에 있던 사람이 비난하는 투로 말했다.

"그대는 재물이 필요하면 남을 형으로 삼고, 빚을 갚을 때가 되면 다시 형이 아니라고 말하는데 왜 그런가?"

"나는 재물을 얻기 위해 그를 형이라고 하지만, 실제는 아니기 때문에 빚을 갚을 때는 형이 아니라고 한다. 그게 어떻단 말인가?"

말을 꺼냈던 사람은 벌어진 입을 다물지 못했다.

권력이나 재물이 많은 사람 주변
에는 언제나 사람이 몰려든다. 그 주변에 있으면 자기한테 뭔가 이
익이 돌아올 것으로 기대하는 무리들이다. 정권이 바뀔 때마다 권
력자의 주변에 줄을 대기 위해 사돈의 팔촌까지 동원하는 사람들
을 심심찮게 본다.

그러나 이런 사람들의 관심은 권력이나 재물뿐이므로 그것이 없
으면 곧 흩어지고 만다. 옛말에 '정승집 개가 죽으면 인산인해지만
정승이 죽으면 개도 돌아보지 않는다'고 한 것은 이런 세태를 극명
하게 꼬집은 것이다.

권력과 이익을 좇아 움직이는 사람들은 바른 마음(正心)과 곧은
마음(貞心)이 없는 사람들이다. 그들에게 바른 마음이 있다면 돈과
권력을 향한 것이고, 곧은 마음이 있다면 그것을 얻기 위한 지칠
줄 모르는 열성일 따름이다. 대개의 권력자나 자산가는 이렇게 위
장된 모습에 속아 자칫 일을 잘못 판단하고 그르치는 경우가 많
다. 역사적으로 부패하고 타락했던 지도자는 자신의 비위를 맞추
기 위해 아첨하는 무리의 말만 듣고, 충간(忠諫)을 외면하다가 쫓겨
났다.

권력이나 재물을 향한 해바라기성 인물을 가려내기란 쉬운 일이
아니다. 다만 그동안의 역사적 경험을 종합한다면 몇 가지 판단 기
준은 있다. 시대가 바뀌고 역사가 변했는데도 언제나 권력 주변에
서 영화를 누리는 사람, 윗사람에게는 무조건 굽신거리다가도 아랫
사람에게는 정당한 의견도 묵살하고 호통을 치는 사람, 자신의 능
력보다는 아첨으로 출세를 꿈꾸는 사람이라면 한번쯤 의심을 해봄

직하다. 그러나 그들을 잘못 건드렸다가는 되받아치기에 당할 수도 있으므로 언제나 조심해야 한다. 그들은 자신의 약점을 꼬집히거나 '간교한 아첨꾼'이란 말에 참지 못하고 분통을 터뜨리는 속성을 가지고 있기 때문이다.

몸에 맞지 않는 옷

남의 물건을 훔치는 데 귀신 같은 재주를 가진 산도적이 있었다. 여기저기 닥치는 대로 물건을 훔치는 데 재미를 붙인 산도적은 어느 날 삼엄한 경비를 뚫고 임금님의 창고에 있는 물건까지 훔쳤다. 그 가운데는 임금님이 항상 입는 옷도 있었다. 산도적은 그 옷을 입고 도적 노릇을 계속했다.

한편 창고에서 많은 물건을 잃어버린 임금님은 머리끝까지 화가 났다. 임금님은 병사들을 풀어 도적을 잡아들이도록 했다.

도적은 의외로 쉽게 잡혔다. 임금님의 옷을 입고 도둑질을 하여 다른 사람 눈에 금방 눈에 띄었기 때문이다.

산도적을 포박하여 압송해 오자 임금님은 친히 그를 심문했다.

"네가 입고 있는 옷은 누구의 옷이냐? 어디에서 훔쳤느냐?"

"이 옷은 절대 훔친 옷이 아닙니다. 저의 할아버지 때부터 물려 입은 옷입니다."

"뭐라고? 할아버지 때부터라고?"

임금님은 기가 막혔다.

"그렇다면 좋다. 그 옷을 벗었다가 다시 한 번 입어 보아라. 만약 순서에 맞게 입는다면 너희 할아버지 때부터 물려받은 것으로 인정하겠다만, 제대로 입지 못한다면 훔친 것이 틀림없다."

산도적은 입고 있던 옷을 벗었다가 다시 입으려 했다. 하지만 그 옷은 본래부터 입었던 것이 아니므로 다리에 끼울 것을 팔에 끼고, 팔에 끼울 것을 허리에 감는 등 순서가 맞지 않았다.

"그 옷이 할아버지 때부터 물려받은 것이라면서 어찌 입을 줄도 모르느냐? 그 옷은 도둑질한 것이 분명하다. 그 옷은 네 옷이 아니다."

도둑은 할 말이 없었다.

 한때 미니스커트가 유행한 적이 있었다. 윤(尹)모라는 여가수가 입기 시작한 이 옷은 전국적으로 대유행을 했다. 젊은 처녀들은 물론이고 심지어는 나이든 주부들조차 미니스커트를 입었다.

원래 미니스커트는 젊은 여성들이 각선미를 자랑하기 위해 입기 시작한 옷이다. 미국에서 비롯된 이 옷은 새로운 의상을 유행시켜 이익을 챙기려는 의류업계의 상업주의와 맞아떨어져 여성 패션에 일대 혁신을 몰고 왔다.

그러나 아무리 유행이라 해도 이 옷을 입으면 어울리지 않는 사람이 있다. 종아리가 양파처럼 단단하고 뭉쳐 있는 여성이 입으면 아름답기는커녕 쳐다보기 민망하다. 또 나이든 여성이 입어도 왠지 망측스럽게 느껴진다.

어울리지도 않고 몸에도 맞지 않는 옷을 입는 것처럼 부자연스러운 일도 없다. 종교적 수양을 쌓지 않는 사람이 법의(法衣)를 걸쳤을 때도 마찬가지다. 고양이는 아무리 호랑이 가죽을 뒤집어써도 고양이일 뿐이다. 품격에 맞지 않는 비싸기만 한 옷보다 어울리는 옷을 입을 줄 아는 사람이 진짜 멋쟁이다. 거기에 옷에 어울리는 인격만 갖춘다면 금상첨화(錦上添花)가 아닐지…….

과장된 자랑의 함정

어떤 사람이 남들 앞에서 자기 아버지의 훌륭한 점을 말했다.

"우리 아버지는 참으로 인자하신 분이다. 남을 해치는 일이 없고 물건을 훔치는 일이 없다. 늘 진실한 말만 하시고 남을 위해 많은 선행을 베푼다."

자랑을 듣던 한 어리석은 사람이 질 수 없다는 듯 나서며 말했다.

"우리 아버지의 덕행은 너희 아버지보다 더 훌륭하다."

"어떤 덕행을 쌓았기에 훌륭한지 어디 한 번 들어보자."

그는 엄숙한 표정으로 사람들에게 말했다.

"우리 아버지는 어릴 때부터 여자를 가까이하지 않았다."

"어렸을 때부터 여자를 가까이하지 않았다고? 그러면 당신은 어떻게 태어났는가? 자네 아버지가 당신을 낳은 걸 보면 여자를 가까이했기 때문이 아닌가? 만약 자네의 아버지가 진실로 어렸을 때부터 여자를 가까이하지 않았다면 자네 어머니는 새서방을 얻어 자네를 낳은 것이 분명하다. 그렇다면 아버지는 훌륭할지 모르나 어머니는 깨끗하지 못한 여자 아닌가?"

여러 사람이 비웃고 조롱하자 그는 고개도 들지 못하고 뒷걸음질을 쳤다.

서양 사람들은 어떤지 모르지만 우리나라에서는 예로부터 남 앞에서 자식 자랑, 마누라 자랑하는 것을 점잖지 않은 것으로 여겼다. 좀 잘하는 것이 있고 훌륭한 점이 있어도 그것을 좀처럼 드러내지 않았다. 오히려 부족한 점, 배울 점이 많다고 슬며시 폄하하는 것이 예의였다. 남을 추켜세우는 것도 당사자를 앞에 놓고 면전에서 하면 아첨꾼의 인상을 받기 십상이었다.

이런 풍습이랄까? 전통은 우리의 언어생활 속에 그대로 남아 있다. 남을 추켜세울 일이 있어도 '당사자 앞에서 이런 말을 하기가 뭣하지만……' 하는 단서를 붙인다. 간혹 남 앞에서 자식이나 아내에 대한 칭찬의 말을 할라치면 뒤통수를 긁으며 '이런 말하면 불출(不出)인데……' 하고 얘기를 꺼낸다. 이것이 한국 사람의 예의다.

그런데 요즘은 이런 은근과 겸손이 사라지고 자랑만을 늘어놓는다. 남을 추켜세울 때도 듣기 민망할 정도를 넘어서 거짓말까지 보태는 것이 예사다.

이러다보니 어떤 자랑이나 칭찬을 듣고 그 사람을 판단하는 방법도 옛날과는 많이 달라졌다. 옛날에는 '아직 부족하고 배울 것이 많아서……' 하고 말하면 그보다는 조금 점수를 더 얹어서 평가하는 것이 정상이었다. 이에 반해 요즘은 '이 사람이 어떤 점에서 최고'라고 말하면 그보다 좀 깎아서 보아야 정확하다.

남을 칭찬하는 데 인색할 필요는 없을 것이다. 남을 깎아 내리는 데서 문제가 있지 칭찬하는 데서 문제가 생기는 것은 아니다. 그러나 아무리 추켜세우고 칭찬을 하는 것이 좋다고 지나치게 과장하거나 낯간지럽게 하면 그것은 오히려 남을 헐뜯는 것이 된다.

'우리 아버지는 어려서부터 음욕을 끊었다.'고 자랑하면, 그것은 아버지를 조롱거리로 만드는 것이지 결코 덕행을 칭찬하는 것이 아니다.

3층부터 집짓기

재물은 많지만 무식해서 아는 것이라고는 없는 부자가 있었다.

어느 날 그는 다른 부잣집으로 놀러 갔다가 3층으로 된 누각을 보았다. 그 누각은 화려하고 웅장하고 아름답게 지은 것이어서 보는 사람의 마음을 빼앗기에 충분했다. 부자는 그 누각을 부러워하면서 이렇게 생각했다.

'내 재물이 저 부자보다 결코 적지 않다. 그렇다면 나도 얼마든지 3층 누각을 가질 수 있다.'

그는 목수를 불러 물었다.

"그대가 저 집의 3층 누각처럼 화려하고 웅장한 누각을 지을 수 있겠는가?"

"걱정하지 마십시오. 저 3층 누각은 제가 지은 것입니다. 어려울 것이 없습니다."

부자는 기뻐하며 목수에게 부탁했다.

"참 잘됐군. 이제부터 나를 위해 저 집 것보다 더 멋있는 누각을 지어주게."

목수는 곧 땅을 고른 뒤 벽돌을 깔고 누각을 짓기 시작했다. 그러나 무식한 부자는 목수의 집 짓는 방법이 이해되지 않았다. 그래서 목수에게 물었다.

"어떤 집을 짓고 있는가?"

"3층 누각을 짓고 있습니다."

"아니 이것은 3층이 아니고 1층이 아닌가?"

"1층을 먼저 짓고, 그 다음에 2층, 그리고 3층을 짓는 것이지요."

목수의 대답에 무식한 부자는 역정을 내며 말했다.

"이 사람아, 나는 3층 누각이 필요하지 1층, 2층은 필요 없네. 그러니 아래 두 층은 빼고 3층부터 짓게."

"아니, 어찌 그렇게 할 수 있겠습니까? 아래층을 짓지 않고는 위층을 지을 수가 없습니다. 그러니 조금만 참고 기다리십시오. 곧 3층을 짓겠습니다."

부자는 목수의 말을 듣고도 이해가 되지 않았다.

"어허, 아래 두 층은 필요 없다니까. 두말 말고 3층부터 짓게."

목수와 부자의 실랑이가 계속되자 사람들은 배꼽을 잡고 웃음을 참지 못했다.

"어떻게 아래층을 짓지 않고 위층을 짓겠단 말인가? 저런 무식하고 어리석은 사람을 보았나."

어떤 일을 하든 성과를 거둔다는 것은 매우 중요하다. 어떤 일을 했는데도 성과가 나지 않는다면 그 것처럼 허망한 일이 없다. 공부하는 학생이 열심히 공부를 했는데 성적이 향상되지 않았다거나, 집 짓는 목수가 일을 했는데도 집이 지어지지 않는다면 보통 심각한 일이 아니다.

어떤 일이든 성과를 거두려면 그에 합당한 방법으로 일을 해야 한다. 합당한 방법이나 절차를 무시하면 일만 그르치게 된다. 바늘 허리에 실 매어 쓰지 못하듯, 급하다고 절차를 생략하면 원하는 성 과를 거둘 수 없다.

그런데 사람들은 이처럼 당연한 이치를 잊어버리고 사는 수가 많다. 결과만 중시한 나머지 반드시 거쳐야 할 과정을 소홀히 하다 가 끝내는 낭패를 보는 것이다. 멀리 예를 들 필요도 없이 우리나 라 고속도로 공사를 보면 알 수 있다. 으스대기 좋아하는 사람들 은 우리나라 고속도로 공사가 유례없이 공기(工期)를 단축한 '신화적 토목공사'였다고 자랑한다. 아닌 게 아니라 서울에서 부산까지의 거 리를 불과 몇 년 만에 뚝딱 해치운 것을 보면 대단하긴 하다. 결과 만 놓고 본다면 세계적인 자랑거리가 분명하다.

그러나 고속도로를 개통한 지 10년이 채 되지 않아 이 도로는 생각지도 않은 별명을 얻었다. '누더기 도로'란 이름이 그것이다. 이 유인 즉 워낙 부실공사를 했던 까닭에 개통된 지 몇 달이 되지 않 아서부터 여기저기 도로가 패이고 망가져 수없이 뜯어고쳐야 한다 는 것이다. 들리는 말로는 보수공사에 들어간 비용도 비용이었지만 곳곳에서 작업을 하느라고 이제는 고속도로가 아닌 '저속도로'란 별명까지 하나 더 붙었다. 사람들은 이런 도로를 지나면서 모두 혀를 찬다.

"기왕에 공사를 할 바에야 처음부터 설계를 잘해서 완벽하게 시공할 일이지……."

부실공사, 날림공사로 빚어진 안타까운 현상은 고속도로만이 아니다. 서울 와우아파트 붕괴사건, 청주 우암아파트 붕괴사건은 사람의 목숨을 앗아가기도 했다. 이런 일들은 모두 과정을 생략한 채 결과만 중요시한 성과주의가 낳은 비극이다.

어떤 집도 3층부터 지을 수는 없다. 어떤 일도 기초를 튼튼하게 하지 않으면 좋은 결실을 기대할 수 없다. 급할수록 차근차근 순서를 밟고 절차를 따르는 것만이 실패를 최소화하는 최선책이다.

점술사의 속임수

세상의 모든 이치에 통달해 모르는 것이 없다고 떠벌리는 점술사가 있었다. 그는 별과 달의 움직임을 보고 인간의 운명을 예언하고 관상과 손금을 보고 행복과 불행을 점쳤다. 자기로 말하자면 이 세상의 어떤 일도 손바닥 안의 구슬 보듯 한다는 것이 이 사람의 자랑거리였다. 어떤 사람들은 그의 이와 같은 허풍을 믿었지만 어떤 사람들은 믿지 않았다.

하루는 점술사가 한 병든 아이를 안고 슬프게 울었다. 이상하게 여긴 사람들이 왜 그러느냐고 물었다.

"아, 참으로 슬프고 안타까운 일이오. 이 어린아이는 앞으로 이레 뒤에 죽을 것이오. 점괘가 그렇게 나왔소. 내가 우는 것은 이레 뒤에 죽을 이 아이가 불쌍해서요."

평소 그의 허풍을 믿지 않던 사람이 말했다.

"예끼, 여보시오. 사람의 장래는 누구도 모르는 것이오. 이레 만에 죽지 않을지도 모르는데 왜 미리 울고불고 야단이오."

"모르는 소리. 해와 달이 어두워지고, 별들이 떨어지더라도 내 예언은 틀림없이 적중할 것이오."

이렇게 큰소리를 친 점술사는 자기의 점술을 모든 사람이 믿도록 하기 위해 이레 뒤에 그 아이를 자기 손으로 죽이고 말았다.

"저 사람은 지혜롭고 훌륭한 사람이다. 그의 말은 틀리지 않았다."

점술사의 간계에 속은 사람들은 모두 탄복하며 그를 믿었다.

 신문이나 주간지 등에 가끔 '계룡산 10년 수도 족집게 도사' '설악산 백일기도 끝에 영험을 얻은 처녀보살' 등등의 광고 문구가 실린 것을 볼 수 있다. 수염을 덥수룩하게 기르거나 염주를 손에 든 사진을 곁들이고 있는 이 광고는 인간의 미래를 점칠 수 있다고 자랑한다.

그러나 과연 누가 인간의 미래를 점칠 수 있단 말인가? 남의 운명은 고사하고 점쟁이나 무당이 과연 자신의 미래를 점칠 수 있겠는가?

인간의 미래가 어떤 절대자의 힘에 의해, 또는 운명에 의해 미리 결정돼 있다면 우리는 이렇게 아등바등 살아야 할 이유가 없다. 그저 아무렇게나 살다 보면 운명대로 되어 갈 것이기 때문이다. 그렇다면 인간에게 무슨 희망이 있고 목적이 있고 재미가 있겠는가?

불교는 인간의 운명이 미리 결정돼 있다는 운명론을 가르치지 않는다. 그렇다고 이 세상이 그저 우연으로 성립돼 있다고도 말하지 않는다. 불교는 인간의 운명이 스스로 지은 업(業)에 의해 결정되고 지배된다고 가르친다. 이것을 인연론(因緣論)이라고 한다. 즉 어떤 원인과 그것을 보조하는 환경에 의해 만들어진다는 것이다. 따라서 불교는 인간이 적극적으로 자신의 미래를 개척하여 살아갈 것을 강조한다. 선의지(善意志)로 하루하루를 충실하게 살다 보면 불행도 행복으로 바뀐다. 반대로 미리 좌절하는 사람은 행복도 불행으로 만들고 만다.

또한 불교는 계율을 통해 수행자가 신통(神通)을 보이거나 점술을 행하는 것을 금하고 있다. 또 불자(佛子)들도 그런 것을 좋아하거나 물어보는 행위를 해서는 안 된다고 못 박고 있다.

그런데도 적지 않은 사람들이 불교의 승려들은 주역이나 관상사주에 능통한 것처럼 오해하고 있다. 광고에 나오는 점술가들이 염주를 들고 있거나 백일기도 운운하는 것이 불교에 대한 이런 오해를 더욱 가중시키고 있다.

오해는 어디까지나 오해다. 사실이 그렇지 않으면 하루빨리 진실을 바로 알아차려야 한다. 그렇지 않으면 어리석음의 시간은 끝없이 연장된다.

모든 인생의 조건이 '운명'인 것처럼 떠벌리는 것을 믿기보다는 '당연한 상식'을 진리로 받아들이는 태도가 중요하다. 그래야 남을 속이기 위해 온갖 거짓말을 하는 점술사의 술책에서 벗어날 수 있다.

부채 바람으로 숯불 끄기

　한 사나이가 벌꿀을 따다가 석밀장(石蜜漿 : 벌꿀을 녹여 조청을 만든 것)을 달이고 있었다. 그때 마침 친구가 찾아왔다. 사나이는 친구에게 석밀장을 나눠줘야겠다고 생각했다.

　그는 훨훨 타오르는 숯불에 물을 조금 끼얹었다. 그리고 부채로 불 위를 부치면서 식기를 기다렸다. 그러나 부채질을 할수록 밑불이 살아나 불은 꺼지기는커녕 점점 빨갛게 피어올랐고 석밀장도 따라서 부글부글 끓었다. 사나이는 다시 숯불에 물을 조금 끼얹었고 또 부채질을 했다. 결과는 마찬가지였다. 보다 못해 친구가 말했다.

　"이 사람아, 물을 끼얹고 부채질은 왜 하는가?"

　"응. 빨리 식게 하려고."

　"이 사람아 밑불이 꺼지지 않았는데 부채로 부친다고 석밀장이 식겠는가? 부채로 부치면 도리어 밑불이 살아나고 석밀장은 더 뜨겁게

끓을 뿐이지."

이 얘기를 들은 동네 사람들은 그의 어리석음을 비웃었다.

 사실인지 아닌지 모르지만 세계에서 성격이 가장 급한 국민이 한국 사람이라고 한다. 무슨 일을 하건 진득하니 기다리는 법이 없다.

한국 사람의 성격이 얼마나 급한지는 식당에서 가장 잘 드러난다. 음식을 주문해 놓고 5분을 기다리지 못한다. 조금만 음식이 늦게 나오면 종업원을 불러 호통을 친다. 성질이 아주 급한 사람은 참다못해 일어나서 다른 음식점으로 간다. 다른 음식점에 가봐야 마찬가지일 텐데 말이다.

이런 버릇은 외국에 나가서도 마찬가지다. 뭐든지 '빨리빨리'다. 한국 여행객이 많이 가는 동남아 국가의 음식점에서는 한국 사람만 보면 '빨리빨리'라고 말한다는 우스갯소리도 있다. 또 어떤 사람은 유럽에 가서도 음식 재촉을 하다가 음식점에서 쫓겨나는 망신까지 당했다는 얘기도 있다.

음식은 아무리 재촉을 해도 시간이 돼야 익는다. 아무리 바쁘다고 설익은 생쌀을 먹을 수는 없는 노릇 아닌가? 식사를 하는 것이 그렇게도 급하다면 남보다 먼저 음식점에 가면 될 일이다.

한국 사람들의 급한 성격은 운전 습관에서도 그대로 나타난다. 차를 타고 시내를 다녀보면 우리나라 운전자들은 양보라곤 할 줄 모른다. 혹 누가 차선을 변경하려고 끼어들기를 하려면 뒤에 오는 차는 경적을 울리거나 전조등을 번쩍이며 야단법석이다. 그래 봐야 도로는 좁고 차는 넘치는데 무슨 묘수가 있겠는가? 서로 빨리 가려고 나서면 나설수록 도로는 정체되고 속도는 줄어들 뿐이다.

　서울의 교통난이 세계에서 몇 번째라고 한다. 그 요인 가운데 하나가 운전자들의 고질적인 양보 없는 운전 습관과 무질서라는 지적이다. 세월아 네월아 하고 너무 맺고 끊는 데가 없는 것도 문제지만, 바쁘다고 생쌀을 씹겠다는 조급함도 문제다. 막히거나 급할수록 조금 느긋하게 참고 기다릴 줄 아는 지혜가 필요하다.

참을성 없는 사람

동네 사람들이 방안 가득히 모여 어떤 사람의 행실에 대해 얘기하고 있었다. 대체로 모아진 의견은 '그는 정직하고 부지런하며, 솔직하고 성실하다.'는 것이었다.

"그 사람은 다른 것은 다 좋은데 딱 두 가지 허물이 있단 말이야. 하나는 화를 잘 내는 것이고 다른 하나는 일을 너무 경솔하게 처리하는 거야. 이 두 가지만 고치면 그 사람이야말로 우리 마을에서 가장 존경받는 인물이 될 거야. 안 그런가?"

이야기가 끝나갈 무렵, 같이 앉아 있던 사람이 이런 말을 하자 동네 사람들은 모두 고개를 끄덕이며 동감을 표시했다. 그런데 공교롭게도 화제의 주인공이었던 사람이 때마침 문 밖을 지나다가 이 이야기를 들었다. 그는 노여움을 참지 못하고 방안으로 들어가 그 말을 한 사람의 멱살을 움켜잡았다.

"아니, 이 사람아! 왜 이러나? 흥분을 가라앉히고 조용히 말로 하게, 말로 해!"

"뭐라고? 내가 지금 조용히 말로 따지게 됐어? 야, 이놈아! 내가 언제 화를 잘 내고 일을 경솔하게 처리하더냐? 네가 뭔데 남의 말을 함부로 입에 담는 거야? 그렇게 험담을 하고도 무사할 줄 알았어? 이런 자식은 뜨거운 맛을 봐야 돼."

화가 머리끝까지 오른 그는 마구 때리기까지 했다. 동네 사람들이 그를 간신히 뜯어말리고 말했다.

"이보게, 지금 자네가 한 행동이 뭔가? 곧바로 화를 내고 경솔한 행동을 한 게 아닌가? 그러고도 경솔하지 않다고 말할 수 있는가?"

아무리 성인군자라도 자기의 허물을 들추거나 비난하는 것을 좋아하지 않는다. 지렁이도 밟으면 꿈틀한다고, 시비를 당하고도 가만히 있는 것이 오히려 이상한 것이다. 그러나 아무리 화가 나고 듣기 싫은 말이라 해도 남이 해주는 충고는 귀담아들을 필요가 있다. 왜냐하면 사람은 누구나 자신의 약점을 제대로 알지 못하기 때문이다.

사실 모든 사람은 어떤 사실을 판단할 때, 자기중심으로 한다. 옳은 것도 자신의 이익에 반하면 그른 것으로 생각하고, 그른 것도 자신의 이익과 맞아떨어지면 옳다고 생각하기 쉽다. 이것이 인간의 속성이다. 그러다 보니 인간은 더욱 이기주의의 골짜기에 깊이 들어가게 되는 것이다. 남에게는 엄격하고 자신에게는 너그러운 것도 모두 이기심에 바탕한 것이다.

그러나 훌륭한 인격을 갖춘 사람일수록 남에게는 너그럽고 자신에게는 엄격하다. 남의 충고가 듣기 싫더라도 그 충고를 거울삼아 자신의 인격을 도야하는 약으로 삼는다. 옛 선비들이 자주 썼던 '좋은 약은 입에 쓰고, 좋은 충고는 귀에 거슬린다'라는 말은 항상 그 반대이기 쉬운 인간의 마음을 다스리기 위한 잠언(箴言)이다.

교양인의 첫 번째 덕목은 화나는 일을 잘 참는 데 있다. 마음을 수양한다는 것은 잘 참아내기 위한 훈련이다.

길잡이를 죽인 상인들

배를 타고 바다를 건너 무역을 하는 장사꾼이 있었다. 이들이 어느 날 길일(吉日)을 잡아 장삿길에 나섰다. 험난한 바다를 건너자면 뱃길을 잘 아는 길잡이가 필요했다. 그래서 그들은 의논 끝에 길잡이를 구해 배에 태우고 바다로 나갔다.

배가 바다 한가운데 이르렀을 때였다. 갑자기 파도가 높이 일고 뱃길이 험해졌다. 상인들은 얼굴이 새파랗게 질렸다. 그들은 모여앉아 이 어려운 고비를 어떻게 넘길까 상의했다.

"이곳은 바다의 신이 지배하는 곳이다. 이곳을 지나려면 산사람을 제물(祭物)로 바치고 빌어야 한다."

"그러나 이 배 안에서 누구를 제물로 받쳐야 한단 말인가? 우리는 모두 친한 친구 사이 아닌가? 내가 당신을 죽일 수 없듯이, 당신도 나를 죽일 수 없잖은가?"

그러자 한 사람이 묘안을 찾았다는 듯 무릎을 탁 치며 말했다.

"아, 좋은 수가 있다! 우리는 서로 친구 사이라 안 되지만 저 길잡이는 우리와 아무 상관없다. 그를 제물로 바치면 되지 않겠는가?"

상인들은 그 사람의 의견에 동의하고 길잡이를 제물로 바쳤다. 그러나 정작 문제는 그 다음에 일어났다. 노련한 길잡이를 제물로 바쳤기 때문에 파도치는 험난한 뱃길을 인도해 줄 사람이 없었다.

그들은 결국 이리저리 방황하다 길을 잃고 바다 한가운데서 굶어 죽고 말았다.

 인생을 살아가는 데 있어 좋은 스승을 만나는 것만큼 큰 행운은 없다. 좋은 스승은 우리에게 삶의 지혜와 인생을 올바르게 살아가는 방법을 가르쳐준다. 스승이 가르친 대로만 산다면 우리는 결코 인생이란 긴 항로에서 방황하는 일이 없다. 그런 뜻에서 스승은 등대에 비유된다. 어두운 밤바다에서 나아갈 길을 비춰주는 불빛과 같은 존재가 스승이기 때문이다.

그러나 대부분의 사람들은 스승의 가르침을 배반하고 살아가기가 예사다. 학생 시절, 스승이 가르쳐주었던 금과옥조(金科玉條)와 같은 인생의 지침들은 험난한 현실의 파도를 헤쳐 나가는 데 짐이 될 뿐이다. '양심을 지키며 정직하게 살라'고 가르쳤지만, 그렇게 하다가는 성공이나 출세는 꿈도 꾸지 못한다. 차라리 그런 교훈일랑 아예 학교 문을 나서는 순간부터 잊어버리는 것이 현명하다. 그보다는 눈앞의 이익만을 위해 적당히 속이기도 하고 훔치기도 하고, 남이 안 볼 때는 슬쩍 죄도 지으면서 사는 것이 훨씬 편하다. 이렇게 살아가는 것이 출세하는 사람들의 삶이다.

그렇지만 스승의 가르침을 내팽개친 뒤에 얻은 출세나 성공이 얼마나 가치 있는 것인지는 다시 한 번 생각해봐야 하지 않을까? 참다운 성공이 아니라 참담한 실패의 전주곡에 불과하다. 왜냐하면 그는 곧 정직하지 않게 이룩한 성공을 상실할 것이 뻔하기 때문이다. 그것은 우화 속의 상인들처럼 길잡이를 죽이고 항해를 하려다가 굶어죽고 마는 어리석음과 조금도 다르지 않다.

둘째 마디

세상을 살맛나게 하는 것은 자기 이익만 챙기는
영악한 사람들이 아니라
양보하고 손해 보면서도 넉넉한 마음을 잃지 않는 사람들이다.
이런 뜻에서라면 이 세상이 바보들이 넘치는
'바보들의 천국'이 되었으면 좋겠다.

_ 고지식한 사람의 수지계산 중에서

현명한 의사의 방편

어떤 왕이 자식이 없어 애를 태우다 늘그막에 공주를 하나 얻었다. 왕은 공주가 빨리 예쁘게 자라기를 바랐다.

마침 나라 안에는 현명한 의사가 있어서 못 고치는 병이 없다고 소문이 자자했다. 왕은 그 의사를 불러서 이렇게 말했다.

"그대는 훌륭한 의사라고 들었다. 그렇다면 약으로 공주를 빨리 자라게 할 수 있겠는가?"

현명한 의사는 한참을 궁리하다가 대답했다.

"대왕의 분부를 받들어 시행을 하겠습니다. 그러나 공주님이 빨리 자라도록 하기 위해서는 한 가지 약속을 해주셔야 합니다."

"공주가 빨리 자랄 수만 있다면 무슨 약속인들 못하겠는가? 어서 말해보라."

"공주님이 약을 복용하는 동안 대왕께서는 절대로 공주님을 보시면 안 됩니다. 그렇게 하시겠습니까?"

왕은 공주가 약을 먹고 빨리 자랄 수 있다는 말에 대단히 기뻐하며 선뜻 약속을 했다. 왕의 약속을 받아낸 현명한 의사는 약을 구한다고 멀리 길을 떠났다. 그 사이 공주는 별채에서 지내며 자랐다.

12년의 세월이 흐른 뒤, 현명한 의사는 궁중으로 돌아왔다. 의사는 공주에게 맛있는 꿀떡을 약이라고 먹인 뒤 왕에게 데리고 나갔다. 왕은 매우 기뻐했다.

"오, 이 아이가 내 딸이란 말인가? 참으로 예쁘게도 자랐구나. 그대는 참으로 훌륭한 의사다. 약을 먹여 공주를 키우다니 훌륭하고 훌륭하도다."

왕은 의사에게 큰 상을 내리라고 명했다.

 'Top of the world' 'Yesterday once more' 'Close to you' 등 수많은 히트곡을 불렀던 세계적인 팝그룹 '카펜터스'의 멤버 카렌이 1983년 약물과다복용으로 죽었다. 당시 외신을 타고 전해 들어온 그녀의 사인(死因)은 살 빼는 약물의 과다복용이었다고 한다. 1970년대 이후 세계의 팬을 사로잡으며 수많은 히트곡과 아울러 3회에 걸친 그래미상(賞)의 수상 영광을 뒤로한 채 카렌이 죽었을 때, 얼마나 많은 사람들이 애통해했던지…….

그녀의 목소리는 참으로 감미롭고 매혹적이었다. 그녀가 부른 노래는 듣는 사람에 따라 느낌이 달랐다. 우울할 때 들으면 함께 우울해하는 듯했고 기쁠 때 들으면 함께 즐거워하는 듯했다. 그래서 음악평론가들은 이렇게 말했다.

"목소리에 이처럼 천 가지의 색깔을 담아낸 가수는 카렌밖에 없다. 그녀는 100년에 한 명 나올까 말까 한 가수다."

이처럼 아름다운 목소리, 재능 있는 가수가 다이어트를 위해 약물을 과다복용하다가 죽었다. 그녀 주변에는 딸을 빨리 키우고 싶어 하는 대왕을 달래준 '현명한 의사가 없었던 것이 불행이었다.

약은 병을 치료하기도 하지만 경우에 따라서는 사람을 죽일 수도 있다. 카렌의 죽음은 약에 대한 맹신이 지나친 현대인에게 약화 (藥禍)의 무서움을 일깨우는 경고다.

사탕수수 달게 키우는 묘책

사탕수수를 재배하는 농부 두 사람이 있었다. 두 사람은 사탕수수를 심으면서 서로에게 약속했다.

"좋은 종자를 심어서 수확을 많이 한 사람에게는 후한 상을 주고 좋지 않은 종자를 심어서 수확이 적은 사람에게는 중한 벌을 주도록 하자."

"그것 참 좋은 제안이네. 그러면 경쟁하는 마음이 생겨 사탕수수 농사도 더 잘될 것이 아닌가?"

두 사람은 굳은 다짐을 하고 헤어졌다. 그중 한 사람이 집으로 돌아와 어떻게 하면 상대방을 이길까 골똘히 생각하다 꾀를 냈다.

'사탕수수는 매우 달다. 만약 그 즙을 짜서 사탕수수에 부어주면 그 맛은 다른 것보다 훨씬 달 것이다.'

그는 곧 사탕수수 즙을 짜서 나무에 부어주었다. 더 달기를 기대하면서……. 그러나 단물을 먹은 사탕수수 나무는 도리어 시들시들 말라 못쓰게 되고 그 사람은 종자마저 다 잃고 말았다.

경쟁은 사람을 열성적으로 만든다. 100미터 달리기를 할 때도 혼자 뛰기보다는 몇 명이 경쟁하면 더욱 빨리 뛰게 된다. 그렇다면 성공을 꿈꾸는 사람은 적당한 경쟁자를 갖는 것이 유리하다. 경쟁을 하다 보면 능력을 최대한 발휘하려 노력하고 지혜도 생긴다. 무엇보다 열성적이고 부지런해진다.

이런 뜻에서 경쟁자는 반드시 적(敵)이 아니다. 어떤 의미에서는 훌륭한 친구이자 동지이기도 하다. 친구나 동지 없이 혼자 걸어가는 길이 얼마나 외롭고 힘든 것인가를 안다면 경쟁자를 적으로만 볼 필요는 없을 것이다.

물론 경쟁자와의 승부는 정정당당해야 한다. 술수를 써서 상대방을 궁지로 몰거나 반칙을 해서 거꾸러뜨리면 그것은 이미 경쟁이 아니라 투쟁이다. 축구나 권투 같은 경기를 보면 승패를 떠나 서로 최선을 다하는 모습이 그토록 아름다울 수가 없다. 평소 갈고 닦은 기술로 승부를 다투되, 정해진 규칙을 지키는 선수는 설사 지더라도 박수를 받는다. 스포츠 정신도 여기에 있다.

우리는 살아가면서 수많은 경쟁을 본다. 때로는 자신이 경쟁의 주인공이 되기도 한다. 이것이 피할 수 없는 인생살이다. 그러나 아무리 경쟁관계에 있더라도 승리만을 위해 부당한 술수를 동원하는 것은 옳지 않다. 이기는 것도 중요하지만 이기기 위한 과정도 중요하기 때문이다. 승리는 온갖 부정한 방법까지 덮어준다고 믿는 비신사적 태도는 우리 사회에서 추방돼야 한다. 승리와 성공만을 위해 불법(不法)을 정당화하는 사회는 제대로 굴러가는 사회가 아니다.

고지식한 사람의 수지계산

한 상인이 있었다. 그는 어느 때 어려운 일이 생겨서 강 건너 사람에게 돈 반 푼을 빌려 썼다.

오랫동안 빚을 갚지 못해 전전긍긍하던 상인은 몇 달 뒤, 형편이 풀려 빚 갚을 여유가 생겼다. 그는 빨리 빚을 갚기 위해 집을 나섰다.

강 건너 마을로 가자면 배를 타야 했다. 뱃삯은 두 돈이나 됐다. 그는 두 돈을 주고 강을 건넜다.

그런데 가는 날이 장날이라고 돈 빌려준 사람의 집에 도착해보니 마침 주인은 외출을 하고 없었다. 할 수 없이 그는 집으로 돌아왔다. 돌아오는 길에도 강을 건너야 했으므로 역시 두 돈의 뱃삯을 주었다.

집에 돌아와 보니 뭔가 계산이 이상했다. 그러나 그는 눈만 껌벅껌벅할 뿐이었다.

남에게 양보하고 손해 보는 것을 좋아하는 사람은 세상에 없을 것이다. 모르긴 몰라도 모두 다 남이 나에게 양보하고 손해 보기를 원한다. "절대 그렇지 않다."고 주장하는 사람이 있다면 그는 절대적으로 거짓말을 하고 있는 것이다.

남에게 양보하지 않으려는 것은 이기적 본능 때문이다. 인간 속성 자체가 그렇게 돼 있다.

하지만 이기적 본능을 무제한으로 방치해도 좋은 것인지는 다시 검토해봐야 한다. 수많은 사람이 무제한으로 방치해 놓은 이기적 본능은 필연적으로 경쟁의 장에서 충돌할 수밖에 없고, 그렇게 되면 남는 것은 폐허다.

경쟁의 장에서 충돌을 피하는 방법은 싫기는 하겠지만 조금씩 양보하고 손해 보는 것이다. 고무풍선처럼 팽창된 욕망을 줄여야만 숨을 쉴 수 있는 공간이 생긴다. 그 공간은 우리 모두가 함께 만들어 가야 한다.

앞에서 예로 든 이야기는 그런 점에서 많은 시사(示唆)를 던져준다. 본래의 뜻은 작은 이익을 취하려다 큰 손해를 보는 어리석음을 일깨우기 위한 것이지만 반드시 비웃을 일만은 아니다. 왜냐하면 그는 비록 손해 보는 짓을 했더라도 정직함을 보여주기 때문이다.

빚이란 빌려 쓸 때는 공돈 생긴 것 같지만 갚을 때는 생돈 나가는 것 같은 것이다. 빌렸으니 갚아야 하는 것이 당연한데도, 일단 수중에 들어온 돈은 내놓기 아까워한다. 이것이 인지상정(人之常情)이라 할 때, 손해를 감수하면서까지 빚을 갚으려고 한 것은 비웃기에 앞서 칭찬할 만한 일이다. 이토록 긴장이 팽팽한 세상에서 그래도 여유를 느끼게 되는 것은 손해 보는 일을 감수하는 정직한 바보들이 있기 때문이다.

　세상을 살맛나게 하는 것은 자기 이익만 챙기는 영악한 사람들이 아니라 양보하고 손해 보면서도 넉넉한 마음을 잃지 않는 사람들이다. 이런 뜻에서라면 이 세상이 바보들이 넘치는 '바보들의 천국'이 되었으면 좋겠다.

하루 종일 칼만 가는 사나이

왕을 위해서 일하는 하인이 있었다. 그는 오랫동안 왕을 위해 열심히 일을 했으나 매우 가난했다. 거기다가 몸까지 야위어 안쓰럽게 보였다.

왕은 이를 불쌍히 여겨 죽은 낙타 한 마리를 주었다. 그는 그것을 얻어 가죽을 벗기려 하였다. 그러나 칼이 무뎌서 낙타 가죽을 벗기기에 적당하지 않았다.

'어디 숫돌이 있으면 좋을 텐데……'

사나이는 사방으로 숫돌을 찾다가 다락방에서 그것을 발견했다. 사나이는 좋아하며 다락방에서 숫돌에 칼을 갈아 가지고 아래층으로 내려와 낙타 가죽을 벗겼다. 그러다가 칼이 무뎌지면 다시 다락방으로 올라가 칼을 갈아서 내려왔다.

이렇게 여러 번 아래위층을 오르내린 사나이는 몹시 피곤해졌다.

'가죽을 벗기려니 칼이 자꾸 무디어진단 말이야. 그렇다면 칼이 무디어지지 않도록 칼을 더 날카롭게 갈아야지.'

사나이는 낙타를 아래층에 매달아 둔 채 다락방에서 하루 종일 칼만 갈았다.

독일의 철학자 칸트가 "인간은 자기 편리를 위해 기계를 만들었지만, 그 기계에 의해 부림을 당하는 노예가 되고 있다."고 말한 적이 있다. 얼핏 들으면 좀 억지가 심한 것 같지만, 곰곰이 따져 보면 옳은 지적이란 생각이 든다.

우리가 늘 이용하는 자동차나 비행기만 해도 그렇다. 자동차나 비행기는 분명 인간의 편리를 위해 고안된 도구다. 자동차와 같은 교통수단이 발명되지 않았다면 인간은 얼마나 불편했을 것인가. 현대를 살아가는 우리로서는 상상도 할 수 없는 일이다.

그러나 한편으로 우리는 점점 자동차의 노예가 되어 간다. 문명 이기의 편리함에 길들여진 우리는 이제 자동차 없이는 꼼짝도 못하는 줄 안다. 서울 사람들은 시내에서 누구를 만나려면 주차 문제부터 먼저 생각한다. 사람보다 차를 먼저 생각해야 하는 세상이다. 이것이 기계의 노예가 아니고 무엇인가!

멀리 여행을 하기 위해 비행기를 타려면 더욱 쩔쩔맨다. 비행기 출발 시간을 조금만 어겼다가는 꼼짝없이 낙오자 신세가 된다.

이렇게 따져보면 모든 기계는 우리를 구속하고 노예로 만든다.

주객이 완전히 뒤바뀐 것이다.

주객이 뒤바뀐 현실을 바로잡기 위해서는 처음부터 다시 생각해야 한다. 무엇을 위한 자동차이고 누구를 위한 비행기인지, 그것부터 새로 따져봐야 한다. 어떤 것이 목적이고, 무엇이 더 중요한 일인지를 생각해야 한다. 이 기본을 잊어버릴 때 우리는 참으로 우스꽝스러운 현실을 만들 수밖에 없다.

자동차는 사람을 위한 것이다. 따라서 자동차보다 사람이 우선돼야 함은 당연하다. 교통 문화나 제도도 사람이 먼저이고 자동차가 나중이어야 한다. 이것이 인간 본위의 삶이다. 모든 가치를 인간 본위에 두지 않을 때 목적과 수단은 완전히 뒤바뀌게 된다. 그것은 마치 낙타는 매달아 놓은 채 칼만 가는 것과 같은 어리석음이다.

엉뚱한 곳에서 은사발 찾기

어떤 사람이 배를 타고 바다를 건너다가 은사발 하나를 빠뜨렸다. 어떻게 해야 좋을지 궁리하던 끝에 이런 생각을 했다.

'은사발이 빠진 물에 금을 그어 표시를 해두었다가 나중에 다시 찾아야겠다.'

그리고는 여행을 계속해 두 달 만에 항구에 도착했다. 그는 배에서 내려 은사발을 찾기 위해 물 속으로 들어갔다. 이를 본 사람이 물었다.

"어쩌자고 물에 들어갑니까?"

"은사발을 바다에 빠뜨렸습니다. 지금 그것을 찾으려고 합니다."

"어디에서 잃어버렸는데요?"

"항구에서 얼마 떨어지지 않은 곳입니다."

"언제 잃어버렸습니까?"

"두 달 전입니다."

"잃은 지가 이미 두 달이나 되었는데 어떻게 그것을 찾겠다는 것입니까?"

"내가 은사발을 빠뜨렸을 때, 은사발이 빠진 그 물에다가 금을 그어 표시를 해두었습니다. 그때 표시를 해둔 물과 지금 이 물은 조금도 다름이 없습니다. 그래서 찾는 것입니다."

사람들이 그의 말을 듣고 어이없어 하면서 말했다.

"여보시오, 비록 물은 다르지 않지만 잃어버린 곳은 다르지 않습니까? 은사발이 빠진 곳은 다른 곳인데, 어떻게 여기서 찾겠다는 것입니까?"

 '불교를 믿는다'는 말은 '부처님(佛)'의 '가르침(敎)'을 믿고 따른다는 의미다. 부처님의 가르침을 믿고 따르는 것은 그 가르침이 옳고, 진리이기 때문이다. 부처님 가르침대로만 살다 보면 반드시 괴로움을 극복하고 해탈을 이룰 수 있다는 것이 불자들의 믿음이다.

그러나 여기에는 하나의 단서가 따른다. "무엇이 부처님의 가르침인가?"에 대한 올바른 인식의 문제가 그것이다. 아무리 불자를 자처한다 하더라도 부처님의 참된 가르침을 믿지 않는다면 그는 불교를 믿는다고 할 수 없다. 실제로 우리 주변에는 불교를 믿는다고 하면서 '부처님의 가르침'을 믿고 따르기보다는 오히려 외도(外道)의 주장에 귀를 기울이는 사람들이 허다하다.

예를 들어 어떤 불자는 부처님이 신통(神通)과 이적(異蹟)을 행하는 절대적인 존재로 생각한다. 그래서 그들은 부처님 앞에 소원을 빌면, 부처님이 이에 감응하여 소원이 성취되리라고 굳게 믿는다. 이같은 신앙 형태는 몇몇 사람에게만 나타나는 증상이 아니라 불교 신자 모두에게 나타나는 일종의 신드롬이다. 이렇게 말하면 어떨지 모르지만, 만약 불교 신자에게 이 같은 신앙 내용을 제거한다면 불교를 믿는다는 사람이 과연 몇이나 될지 의심스러울 정도다.

이런 이유로 많은 사람들은 불교 신앙의 내용 가운데 이른바 '기복신앙(祈福信仰)'을 정당화하려 한다. 기복이 없으면 종교가 될 수 없다느니, 대중을 인도하자면 방편으로 기복을 권장해야 한다느니 하는 변명이 난무한다. 심지어는 교묘한 논리로 교리 안에서 기복적 요소를 찾아내려고 애쓴다. 그러다 보니 요즘 들어서는 어느 것이 부처님의 가르침(佛敎)이고 어느 것이 외도의 주장인지 구분이 가지 않을 정도가 되었다.

심한 말로 오늘날 불교에서 행해지는 불교는 간판만 '불교'라고 내걸었을 뿐, 내용은 기독교나 바라문교라고 해도 무방한 종교가 된 지 오래다.

이런 식으로 불교를 믿으면 결과는 뻔하다. 부처님이 가르친 진정한 해탈을 성취할 수 없다. 왜냐하면 '믿는다'는 행위 자체는 똑같은 것이지만 '무엇을 믿느냐'에 따라 결과가 달라지기 때문이다. 이것은 앞의 비유가 말해 주듯 은사발이 떨어진 곳이 똑같은 물이라 하더라도 어느 곳에서 찾느냐에 따라 건지느냐 못 건지느냐가 달라지는 것과 같다.

다시 말하지만 불교를 믿는다는 것은 '부처님의 가르침'을 믿는 것이다. 무당이나 점술사 또는 절대신의 은총을 구하기 위해 기도하는 행위는 외도를 믿는 것이지 불교를 믿는 것이 아니다. 해탈을 구하는 사람은 이런 헛된 믿음, 어리석은 믿음, 잘못된 믿음을 버려야 한다. 은사발을 빠뜨린 곳이 어딘지를 정확히 알고 그곳에서 건지려고 해야지, 엉뚱한 곳을 그곳으로 착각해서는 절대로 찾을 수 없다.

불교를 믿는 사람은 자신의 신앙 태도를 깊이 반성해보아야 할 것이다.

권력자의 횡포

옛날 어떤 왕이 있었다. 그는 매우 포악하여 백성들의 원성이 자자했다. 누군가는 왕을 이렇게 비난했다.

"대왕은 매우 포악하다. 나라를 다스리는 데 원칙이 없다. 백성들은 불안에 떨고 있다."

이 말은 왕의 귀에까지 들어갔다. 왕은 몹시 화를 냈다. 옆에 있던 간신배가 이를 보고 평소 원한이 있던 어진 신하를 범인으로 지목했다. 왕은 사실을 제대로 조사해보지도 않고 그를 잡아다가 엉덩이살백 냥쭝을 베어내었다.

그때 한 용기 있는 사람이 나서서 그가 왕을 비난한 사실이 없음을 증명했다. 왕은 크게 뉘우쳤다. 그리하여 이번에는 간신배의 살 천냥쭝을 베어 그의 엉덩이에 붙여주었다.

그러나 죄 없이 엉덩이살을 베어냈던 어진 신하는 계속 고통에 신음했다. 왕은 한밤중에 그 신음 소리를 듣고 신하에게 물었다.

"왜 그리 괴로워하는가? 너는 백 냥쭝의 살을 베어냈지만 천 냥쭝의 살을 갖다 붙이지 않았느냐? 그런데도 만족하지 않는가?"

"대왕이시여, 만약 대왕께서 왕자의 목을 쳤다가 잘못됨을 알고 다른 이의 목 천 개를 붙이려 했다면 어찌 되었겠습니까? 아무리 그리했어도 왕자께서는 죽음을 면치 못했을 것입니다. 그와 같이 저도 비록 열 배의 살을 얻었지만 이 고통은 어찌할 수 없습니다."

 폭력 가운데 가장 무서운 것은 '권력의 폭력'이다. 한 개인이 행사하는 폭력은 그것이 아무리 무서운 것이라 해도 미치는 범위가 그다지 넓지 않다. 이에 비해 권력자가 잘못 휘두르는 폭력은 그 범위가 나라 전체에 미친다. 특히 독재자가 정권 유지를 위해 무자비하게 사용하는 폭력은 모든 국민을 불안에 떨게 하고 고통에 신음하게 만든다. 4·19나 5·18, 6·10과 같은 달력의 숫자는 권력의 폭력이 얼마나 많은 국민의 희생을 초래했던가를 말해준다. 그러므로 한 나라를 통치하는 사람은 늘 바르고 곧은 마음을 가져야 한다.

권력의 원천은 백성에게 있다. 백성은 권력자가 지배해야 할 대상이 아니라 봉사해야 할 대상이다. 권력의 원천이 '하늘의 뜻'에 있다고 생각해 온 고대 봉건 사회에서는 '민심(民心)은 천심(天心)'이라 하여, 하늘이란 바로 백성임을 강조하고 있다. 즉 백성은 권력자가 내려다볼 대상이 아니라 올려다볼 대상이라는 것이다.

왕권을 세습하던 군주국가에서도 이처럼 백성을 소중하게 여겼다. 그런데 권력의 원천이 국민에게 있고, 나라의 주인은 국민이라고 말하는 민주국가에서 아직까지 권력의 폭력이 사라지지 않는 것은 무슨 까닭인가? 말로는 백성을 하늘같이 여긴다면서 실제로는 지배해야 할 대상으로 보고 있기 때문이다.

권력의 핵심부에 있는 사람들이 분명히 알아둬야 할 것이 있다. 역사상 어떤 권력도 백성을 괴롭히고 유린하면 반드시 망했다. 반대로 백성을 하늘처럼 모시고, 그들을 위해 헌신적인 봉사를 해 온 권력은 오래갔다. 누가 그 권력을 빼앗으려 하면 백성이 나서서 그것을 막아주었다. 국민의 뜻에 따라서 하는 정치, 국민의 고통을 덜어주려는 정치가는 절대 권력의 폭력을 함부로 휘두르지 않는다.

자식 낳으려고 하는 투기

어떤 부인이 있었다. 그녀에게는 자식이 한 명 있었다. 그러나 한 명의 자식으로는 아무래도 적적할 것 같아 자식을 하나 더 얻고 싶었다. 그래서 무당 노파에게 방법을 물었다.

"내가 자식을 하나 더 낳는 방법을 일러주리라. 그러기 위해서는 하늘에 제사를 지내야 한다오."

"제사를 지내려면 제물이 있어야 할 텐데 어떤 것을 써야 할지요."

"너의 자식을 죽여 그 피로써 하늘에 제사를 지내면 되지. 그리하면 반드시 많은 자식을 얻게 될 것이오."

부인은 무당 노파의 말을 듣고 그대로 실행하려고 하였다. 이때 곁에 있던 어떤 지혜로운 사람이 이를 비웃고 꾸짖으며 타일렀다.

"무지한 여인아, 어찌 그처럼 어리석은 짓을 하려고 하는가? 아직 임신도 하지 않은 아이를 얻기 위해 산 자식을 죽였다가 아이를 얻지 못하면 어찌하려는가? 그리고 설사 많은 자식을 얻을 수 있다고 하더라도 살아 있는 자식을 어찌 죽일 수 있단 말인가? 개나 돼지도 그와 같은 짓은 할 수 없네."

부인은 그제서야 자신의 잘못을 뉘우쳤다.

 사람들은 가끔 오지도 않은 미래에 대해 터무니없는 기대를 한다. 투기(投機) 심리가 그렇다.

한때 주식시장이 호황을 누렸을 때 시골에 사는 사람들조차도 소 팔고 땅 팔아 주식을 샀던 적이 있었다. 그러나 이내 주가(株價)가 추풍낙엽처럼 떨어져서 본전도 건지지 못하고 알거지가 된 사람도 많다.

어디에 땅값이 조금 들썩인다 하면 너도나도 몰려들어 땅 사기에 열을 올린다. 아파트가 어쩐다 하면 그리로 몰리고, 골동품이 어떻다 하면 그리로 몰린다. 그러나 땅값이나 집값이 오르면 다행이지만 그렇지 않을 때는 빚더미에 올라앉기 십상이다.

물론 이런 투기 심리 이면에도 정상적인 경제 행위로는 도저히 땅 한 평, 집 한 채 마련할 수 없는 비정상적 경제 현실이 도사리고 있는 것이 사실이다. 그러나 다시 한 번 상식적으로 생각해보면 너도나도 투기에 나섰을 때 결국 손해 보는 것은 그들 자신이다. 투기꾼이 몰려 천정부지(天井不知)로 집값, 땅값이 오르면 본전도 못 건지고 물러앉을 수밖에 없다. 정책도 중요하지만, 무엇이 현명한 것인지에 대한 각자의 판단도 중요하다. 더욱이 남이 하니까 나도 덩달아 소 팔고 땅 팔아 투기에 뛰어든다면 앞날은 불을 보듯 뻔하다.

세상을 살자면 어느 때는 영악하기도 해야겠지만, 반대로 우직하고 바보스러운 것이 더 나을 수도 있다. 적어도 투기에 관한 한 영악하기보다는 우직한 편이 낫다. 개인을 위해서도 그렇거니와 우리나라 경제 전체를 위해서도 그렇다.

그리고 몇몇 영악한 투기꾼에 대해서는 그것이 얼마나 나쁜 것인지, 왜 해서는 안 되는 것인지를 가르쳐주기 위해서라도 엄청난 불이익을 안겨주어야 한다. 그런 정책을 강력하게 실시해야 한다.

흑단향 숯을 파는 사람

　어느 장자(長者)의 아들이 있었다. 그는 어느 날 바다에 들어가 여러 해 동안 물에 잠겨 있던 검은 나무를 건져냈다. 그 나무는 그윽한 향기를 풍기는 흑단향목(黑檀香木)이었다.

　수레에 하나 가득 흑단향 나무를 싣고 돌아온 그는 시장에 나가 그것을 팔려고 했다. 그러나 워낙 귀한 것이라서 선뜻 사는 사람이 없었다. 이렇게 여러 날이 지나자 그는 몸도 마음도 몹시 피로해졌다. 그만 집으로 돌아가고 싶은 생각이 굴뚝 같았다. 그런데 마침 그 옆에 어떤 숯장수가 있었다. 그는 매일 한 수레의 숯을 끌고 나와 금방 팔아버리고 들어가곤 했다. 이를 본 장자의 아들은 이렇게 생각했다.

　'팔리지 않는 흑단향을 내놓고 하루 종일 기다리느니, 차라리 이것을 숯으로 만들어 파는 것이 낫겠다.'

　그는 집으로 돌아가서 비싼 흑단향 나무를 태워 숯을 만들어 시장에 내다 팔았다. 그러나 그는 반 수레의 숯값밖에 받지 못하고 말았다.

 돼지 목에 진주목걸이를 걸어준들 돼지는 가치를 모른다. 돼지에게는 진주목걸이보다 한 바가지의 꿀꿀이죽이 더 소중하다. 사람도 그렇다. 아무리 고귀한 진리를 가르쳐주어도 삿된 길에 빠진 사람에게는 마이동풍(馬耳東風)격이다.

고귀한 진리란 참으로 만나기 어렵다. 또 설사 만났다고 하더라도 그 가르침대로 실천하여 해탈에 이르는 사람은 드물다. 왜냐하면 바른 길은 어렵고, 삿된 길은 쉽기 때문이다.

오늘의 불교 현실이 바로 여기에 해당된다. 예를 들어 살펴보자. 부처님은 모든 인간 고통의 근원을 애착에 있다고 했다. 그리고 그 괴로움으로부터 해탈을 얻기 위해서는 집착을 끊는 여덟 가지 바른 길(八正道)을 닦아야 한다고 가르쳤다. 매우 간단하고 상식적인 것 같으면서도 무엇과 비교할 수 없는 성스러움이 담겨 있다. 그래서 이를 '성스러운 네 가지 진리(四聖諦)'라고 한다.

그러나 이 진리는 사람들에 의해 배반당하고 있다. 아무도 이 진리를 믿고 따르려 하지 않는다. 오히려 남보다 더 많이 가지려고 안달이고, 무엇이든 손에 넣기 위해 눈이 벌겋다. 비유하면 흑단향의 그윽한 향기는 외면하고 숯만 사 가는 것과 똑같다.

여기서 더욱 문제가 되는 것은 숯만 사 가는 사람들이 아니라 흑단향목을 파는 장자의 아들이다. 흑단향목이 팔리지 않는다고 그것을 태워 숯으로 팔려고 하는 것이다. 무슨 말인가? 오늘의 불교는 중생의 근기에 맞춘다면서 또는 '방편'이라는 미명 아래 고귀한 진리를 포기하고, 중생의 욕망을 부채질하는 쪽으로 장사를 벌이고 있다. 욕망과 집착을 억제하라고 가르치는 것이 아니라 욕망과 집착을 늘리는 쪽으로 신앙 행위를 인도하고 있다. 이것이야말로 흑단향목을 숯으로 바꾸어 파는 것과 무엇이 다른가! 오늘날 불교의 현실을 냉정하게 살펴볼 일이다.

비단 팔아 사 입은 삼베옷

옛날에 한 도둑이 있었다. 어느 날 그는 부잣집에 들어가서 비단을 훔쳤다.

그러나 그는 비단이 좋은 옷감인 줄 까맣게 모르고 시장에 내다가 싼 값에 팔았다. 그리고 그 돈으로 거친 삼베옷과 몇 가지 소모품을 샀다.

이때 어떤 사람이 말했다.

"아니, 자네는 어째서 좋은 비단을 팔아서 거친 베옷을 사는가?"

"비단은 아직 옷이 아니지만 삼베옷은 이미 만들어졌으니 이것이 더 좋은 것이라 생각돼서 그랬지."

그가 거친 삼베옷을 입고 천연덕스럽게 거리를 활보하자 사람들은 웃음을 참지 못했다.

인도의 종교는 크게 세 가지 유형으로 구분된다. 첫째는 제사(祭祀)의 길(Karmamārga)에 속하는 종교, 둘째는 신애(信愛)의 길(Bhaktmārga)에 속하는 종교, 셋째는 지혜(智慧)의 길(Jñānamārga)에 속하는 종교다.

'제사의 길'에 속하는 종교는 제사 의례에 최고의 중점을 둔다. 여기서는 의례 집행이 바르게 이루어지면 신(神)들까지도 좌우할 수 있다고 생각했다. 그래서 사제자(司祭者)들이 가장 중요한 위치를 차지한다. 이에 비해 '신애의 길'에 속하는 종교는 사람이 믿고 의지할 만한 인격신이 있다고 생각했다. 사람들은 그 신을 믿고 사랑함으로써 행복을 얻을 수 있다고 기대한다. 그러나 '지혜의 길'에 속하는 종교는 인간의 지혜에 최고의 중점을 두었다. 세계와 인생의 참모습을 지혜로써 파악하고 인간의 당위와 이상을 지혜로써 바르게 생각하려고 한다. 행복의 실현을 위한 방법 역시 초월적인 어떤 힘에 의지하려는 것이 아니라 인간의 지혜와 의지적 노력을 중시한다.

인도에서 태어난 불교는 이 세 가지 종교 유형 가운데 세 번째인 '지혜의 길'에 속한다. '제사의 길'이나 '신애의 길'에 속하는 종교에서 볼 수 있는 제례주의나 신비주의 또는 무조건적인 믿음과 희생의 요구를 배척한다.

지혜의 길에 속하는 종교는 사람들에게 크게 인기 있는 가르침은 아니다. 이 길은 분명히 다른 종교보다 합리적이고 뛰어난 점이 있다. 인간의 완전한 행복은 틀림없이 지혜의 길에 의해 완성된다. 이 길은 모든 문제를 인간이 스스로 결정하고 실천할 것을 요구한다. 이는 인간의 미래나 운명을 절대자에게 미뤄 놓고 제사나 믿음만을 요구하는 다른 종교와 비교하면 어려운 길이다. 따라서 사람들은 어려운 길보다는 쉬운 길을 택하려고 한다.

그러나 여기에 함정이 있다. 인간의 운명이나 미래를 신에게 맡기면 당장은 편하고 잠시 위안은 될지언정 영원한 해결책은 못 된다. 그것은 어렵기는 하지만, 지혜의 길이 얼마나 완전하고 뛰어나며 올바른 길인지를 모르는 까닭이다.

비단옷을 입을 수 있는데도 굳이 삼베옷을 걸치려는 것은 겸손해서가 아니다. 모르기 때문에 어리석어서 그런 것이다. 안타까운 것은 자기가 어리석으면서도 어리석다는 사실조차 모르는 것이다. 그들은 삼베옷을 입고도 그것이 제일 좋은 옷이라 생각하고 있다. 그리고 삼베옷이 비단옷보다 더 좋다고 선전하며, 그 세력을 늘려가기에 혈안이다.

이들의 어리석음을 일깨우기 위해서는 두 가지 방법밖에 없다. 첫째는 이들을 불쌍히 여겨야 한다. 어리석다고 비웃을 것이 아니라 불쌍히 여기는 자비심을 가지고 대해야 한다. 둘째는 지혜를 일깨워주어야 한다. 어리석음은 무지(無知)에서 생긴다. 그 무지를 벗겨내기 위한 노력이 바로 부처님께서 45년 동안 하루도 쉬지 않고 하셨던 교화(敎化)사업이다.

삼베옷을 입고 활보하면서 그것이 제일 좋은 옷인 줄 아는 사람이 많은 것은 이 교화 사업이 부족해서 그렇다. 먼저 눈뜬 사람들의 자비와 지혜의 활동이 절실히 요구되는 오늘이다.

볶은 깨를 심는 농부

옛날에 한 어리석은 사나이가 있었다. 어느 날 그는 이웃집에 갔다가 볶은 깨를 얻어먹었다.

"아저씨, 이 깨는 어찌 이렇게 고소한가요?"

"음, 깨를 볶았기 때문이지."

"아, 그래요."

어리석은 사나이는 자기도 집에 돌아와 깨를 볶아 먹었다.

'역시 볶은 깨가 맛있단 말이야, 그것도 모르고 여태껏 날깨만 먹었으니……'

봄이 되어 밭을 갈고 씨를 뿌리게 되었다. 어리석은 사나이는 이렇게 생각했다.

'차라리 깨를 볶아서 심어야겠다. 그러면 나중에 깨를 볶지 않아도 고소한 깨를 거둘 수 있겠지.'

그는 밭에 심을 깨를 볶아서 고소한 깨를 심었다. 그런데 이게 어찌된 일인가? 가을이 와도 그의 밭에는 거둘 깨가 하나도 없었다.

 어떤 과정을 거치기 위한 기다림은 경험 끝에 얻어낸 지혜의 산물이다. 씨를 뿌리고 싹이 트기를 기다리지 않으면 수확을 할 수 없다. 뜸을 들이지 않은 밥은 먹을 수 없다. 빨리 거두고 빨리 밥상을 차리고 싶더라도 은근하게 때를 기다리며 절차와 과정을 거쳐야 한다. 조급하게 재촉하고 대충대충 하면 결과만 나빠질 뿐이다.

물론 오래 참고 기다리며 과정과 절차를 다 밟는 것이 즐거운 것만은 아니다. 아니, 솔직히 말하면 매우 불편하다. 그 불편함을 조금이라도 덜어보고자 현대인들이 즐기는 것이 패스트푸드요, 자동판매기다. 그러나 편리함만 좋아하다 보면 뜻밖의 덫에 걸리고 만다. 패스트푸드가 좋다고 하지만, 그런 음식은 방부제를 너무 많이 사용한다. 가공식품을 오래 먹다보면 병이 생긴다. 자동판매기가 편리하다고 해도 거기에는 따뜻한 인간미가 없다.

현대인들이 좋아하는 편리함은 결코 최고의 덕목이 될 수 없다. 좀 불편하고 힘들더라도 참고 기다릴 줄 아는 것도 가치가 있는 것이다. 참깨 볶기가 귀찮다고 볶은 깨를 심어 수확할 수 없듯이 거쳐야 할 과정을 무시하면 결과는 돌이킬 수 없을 만큼 나빠진다.

아무리 스위치 하나만 누르면 불이 켜지고 밥이 되고 빨래도 하

고 노래도 나오는 편리한 세상이 왔어도 아기를 하루 만에 낳을
수 없고, 농사를 사흘 만에 지을 수 없다. 사랑하는 감정이나 미워
하는 감정도 하루아침에 생겼다가 없어지는 것이 아니다. 오래 참
고 기다리면서 과정을 거쳐야 한다. 이런 이치를 모르는 사람은 어
린아이나 동물과 똑같다.

물과 불의 쓰임새

　어떤 사람이 물과 불을 같이 쓸 일이 있었다. 그는 하인을 불렀다.
"어디 가서 불을 좀 구해 오너라."

　하인은 화로에 불을 담아 왔다. 주인은 다시 하인에게 말했다.

　"찬물도 필요하니 구해 오너라."

　"주인님, 이 물을 어디에다 놓을까요?"

　"음, 차례대로 놓아라."

　하인은 찬물이 담긴 대야를 화로 위에 올려놓았다.

　잠시 뒤 주인이 나왔다. 그러나 찬물도 뜨거운 불도 없었다. 찬물은 화로 위에서 미지근한 물이 되어 있었고, 불은 어느새 사그라져서 차가운 재(灰)로 변해 있었다.

　주인은 어이가 없어 혀만 끌끌 찼다.

현대인의 속성 가운데 하나는 매우 감각적이라는 것이다. 어떤 상황에 직면하면 깊이 생각하지 않고 즉각적이고 민감하게 반응한다.

좋은 일이 있으면 일단 '하하' 웃고 본다. 노여운 일이 생기면 '카악' 화를 참지 못한다. 아프면 참지 못하고 아이들처럼 '으앙' 울어버리고 입에 쓴 것이면 무조건 '퉤퉤' 뱉어버린다.

이러한 행동양식에 익숙해 있는 사람들은 매사에 신중하고 사려 깊은 것에 대해 구시대적이라면서 비웃는다. 하긴 감각파에 속하는 사람들의 지적이 전혀 틀린 것만은 아니다. 사실 옛날 어른들은 매사에 너무 신중한 것이 탈이었다. 자동차가 달리고 비행기가 날아다니는 세상에 자동차를 탔다가 사고라도 나면 어쩌나, 비행기를 타면 속이 울렁거리는데, 하고 시시콜콜 따지다 보면 이미 자동차는 떠나고 없다. 그러므로 모든 일은 빨리 결정하고, 그에 따라 행동해야 능률적이다. 사랑을 할 때도 '좋으면 OK, 싫으면 NO'라고 분명하고 솔직하게 말하는 것이 현대인다운 태도라는 것이다.

그러나 어떤 일이든 너무 쉽게 결정하고 민감하게 반응하는 것이 반드시 좋은 것만은 아니다. 인생을 살다보면 별의별 상황을 다 만난다. 이때 그 상황에 즉각 반응하기보다 전후좌우를 살펴 대처한다면 그만큼 실수도 적고 낭패한 일도 덜 만들 수 있다. 예를 들어 어떤 사람이 남의 초상집에 문상을 갔다고 하자. 유족들은 모두 슬픔에 잠겨 있는데 굴건(屈巾)이 이상하다고 킥킥 웃는다면 어떻겠는가? 또 어떤 사람이 감기에 걸려 약을 먹게 됐다고 하자. 그런데 약이 입에 쓰다고 무조건 뱉어버리면 어떻게 되겠는가?

솔직하고 감각적인 것도 좋지만 웃을 상황이 따로 있고, 뱉을 것이 따로 있는 법이다. 이런 점을 무시하고 사려 없이 행동하는 것은 유아적인 버릇을 못 버린 것에 불과하다.

감각적인 행동이 곧 사려 없는 행동의 다른 표현이어서는 안 된다. 누가 물 한 그릇 달라면 그 물을 어디에 쓸 것인지를 헤아리고, 성냥을 달라면 그것이 왜 필요한지를 헤아리는 사려 깊은 감각이어야 한다.

신중함을 바탕으로 한 감각파. 얼마나 멋있는가!

임금님 버릇 흉내 내기

옛날 어떤 신하가 있었다. 그에게는 불만이 한 가지 있었다. 왕이 그에게 특별한 관심을 가져주지 않는 것이었다. 그는 옆의 동료에게 자기의 고민을 털어 놓았다.

"어떻게 하면 대왕의 마음을 사로잡을 수 있을까?"

"내 생각엔 대왕의 마음을 사로잡으려거든 왕의 모습을 본받는 것이 좋을 것 같네."

그날부터 그는 왕의 여러 가지 모습을 흉내 내기에 애썼다. 그런데 왕에게는 이상한 버릇이 하나 있었다. 무엇을 바라볼 때 눈을 실룩거리는 것이었다. 이를 본 신하는 그것마저 흉내 냈다.

어느 날 그는 우연한 기회에 왕과 마주쳤다. 그는 이때다 싶어 왕 앞에서 열심히 눈을 실룩거렸다.

"자네, 왜 그러는가? 혹 눈에 티끌이라도 들어갔는가?"

"아닙니다, 괜찮습니다."

"그러면 혹 바람을 맞았는가?"

"아닙니다. 바람을 맞다니요."

"티끌이 들어간 것도 아니고, 바람을 맞은 것도 아니라면 어째서 그러는가?"

"네. 그것은 다름이 아니옵고, 대왕께서 항상 눈을 실룩거리시기에 신하된 자로서 그것을 본받고자 해서입니다."

"뭐라고? 이런 발칙한!"

왕은 크게 분노해 그를 벌하고 나라 밖으로 내쫓았다.

  인간은 모방의 천재다. 숟가락질, 젓가락질에서부터 자동차 운전에 이르기까지 인간이 하는 행위를 살펴보면 모두가 흉내 내기요 모방이다. 예절이나 교육도 따지고 보면 흉내 내기 연습이요 모방이다. 만약 인간에게 흉내 내기 연습이 없었다면 오늘처럼 진화된 모습을 상상하기 힘들 것이다.

그러나 모방과 흉내 내기도 해야 할 것이 있고 해서는 안 될 것이 있다. 청소년들이 TV드라마에서 본 범죄 수법을 모방한다든가, 어린이들이 코미디언의 우스꽝스런 모습을 흉내 내는 것은 바람직한 것이 아니다. 재미있다고 따라하다 보면 어느새 버릇이 되어 고치기 힘들어진다. 그런 흉내 내기는 철이 없어서 하는 것이므로 별로 걱정할 것이 아니라고 가볍게 생각해선 안 된다. 세 살 버릇 어든까지란 말이 괜히 생긴 것이 아니다. 인간이 어차피 모방을 하면서 살아야 하는 존재라면, 좀 더 훌륭하고 올바른 행동을 본받을 일이다. 예를 들어 역사에 빛을 남긴 위인들의 삶이라든가, 비록 이름 없이 살다간 사람이라도 소박하고 진실된 모습은 백 번 본받고 흉내 내도 나쁠 것이 없다.

모방이나 흉내 내기는 경우에 따라 한 사람의 인생을 결정하기도 한다. 범죄자를 모방하다가 감옥에 가면 평생을 전과자 딱지를 달고 살아야 한다. 반대로 부처님을 본받으면 성자(聖者)가 된다. 맹자의 어머니가 세 번씩이나 이사를 한 것은 흉내 내기의 중요성을 상징적으로 말해주는 것이다. 다른 사람 얘기할 필요가 없다. 지금 나는 어떤 흉내를 내고 있는지 돌아볼 일이다.

치료하기 위해 낸 상처

어떤 사람이 잘못을 저질러 매를 맞았다. 매 맞은 사람의 볼기짝과 등허리에는 상처가 나고 피가 흘렀다. 그는 상처가 빨리 낫게 하려고 말똥을 발랐다.

이를 본 어리석은 사람이 기뻐하면서 혼자 중얼거렸다.

'그렇구나. 상처가 생기면 말똥을 바르면 낫는구나. 집에 가서 당장 실험을 해봐야지.'

집으로 온 어리석은 사람이 아들을 불러 놓고 말했다.

"애야, 내가 아주 좋은 방법을 알아 왔다. 그러니 실험을 해보자. 이제부터 너는 아비의 등허리를 채찍으로 때려라."

"어떻게 아버지를 때리겠습니까?"

"걱정하지 말라니까. 내가 좋은 방법을 알고 있으니 빨리 시키는 대로 하기나 해라."

아들은 어쩔 수 없이 아버지가 시키는 대로 채찍으로 등을 때렸다. 어리석은 사람의 등허리에는 금방 상처가 생기고 피가 흘렀다. 그는 얼른 말똥을 등허리에 바르고 이제 치료가 될 것이라며 기뻐했다.

🐥🐥🐥 　　　　　　　　'남이 장에 가니 거름 지고 나선다'는 속담이 있다. 어떤 행동을 할 때 줏대 없이 남을 따라하는 것을 비웃는 말이다. 남이 어쩐다고 나도 반드시 그렇게 해야 할 이유는 어디에도 없다. 남은 남이고 나는 나다. 다른 사람의 방법과 나의 방법이 반드시 같을 수가 없다. 이 점을 망각하면 자기도 모르는 사이에 줏대 없이 남만 쫓아가게 된다.

그런데 현실을 돌아보면 줏대 없이 남이 어쩐다니까 나도 해야 하는 것으로 생각하고 쫓아가는 사람이 너무 많다. 특히 우리나라 어머니들의 '거름 지고 장에 가는' 극성은 세계적으로도 유명하다.

요즘 어머니들은 도대체 아이들을 가만히 놔두질 않는다. 남이 피아노를 가르친다면 우리 아이도 피아노, 태권도를 가르친다면 우리 아이도 태권도, 미술학원에 보낸다면 우리 아이도 미술학원에 보내야 직성이 풀린다. 아이들을 모두 피아니스트나 화가로 키우자는 것은 아닐 텐데, 예능교육이니 어쩌니 하는 이유를 붙여 밖으로 내돌리는 모습을 보면 딱할 지경이다.

어머니들의 그런 심정을 이해 못하는 것은 아니다. 경쟁사회에서 남에게 뒤지게 하고 싶은 부모가 어디 있겠는가! 하지만 그런다

고 해서 아이들이 특별하게 훌륭해지는 것이 아니라면 굳이 뛰어
놀 시간도 없이 학원으로 보내는 것이 교육적으로 바람직한 것인지
는 반성이 필요하다.

남이야 거름을 지고 장에 가든 말든 중요한 것은 나 자신의 줏
대다. 필요하다면 똥장군을 지고서라도 시장에 갈 수 있다. 그러나
불요불급(不要不急)한 일이라면 뚝심 있게 버틸 줄도 알아야 한다.

소비 생활도 마찬가지다. 남이 어쩌니 나도 어쩌해야 한다는 생
각을 버리고 나는 나대로 사는 적당한 고집이 아쉽다.

아내의 코수술

한 사나이가 결혼을 하여 아름다운 여인을 아내로 맞았다. 아내는 마음씨가 비단결처럼 곱고, 몸가짐도 흐트러짐이 없어서 사나이를 흡족하게 했다. 그러나 딱 한 가지 흠이 있었다. 다른 곳은 다 예쁜데 코가 좀 못생겼던 것이다.

'코만 좀 예뻤더라면……'

사나이는 아내의 코가 못생긴 것이 못내 아쉬웠다.

어느 날 사나이는 밖으로 나갔다가 아름다운 코를 가진 여인을 발견했다. 그녀는 다른 곳은 다 볼품이 없었으나 코가 오똑한 것이 꼭 조각 같았다.

'옳거니! 저 코를 베어다가 아내의 코에 갖다 붙이면 아내는 나무랄데 없는 미인이 되겠지.'

사나이는 그 여인을 숲으로 끌고 들어가 코를 베어 가지고 집으로 돌아와 아내를 불렀다.

"여보, 빨리 나와 봐요. 당신에게 주려고 예쁜 코를 가져왔소."

사나이는 아내가 나오자마자 못생긴 코를 베어버리고 잘생긴 남의 코를 그 자리에 붙이려 했다. 그러나 어쩌면 좋단 말인가? 잘생긴 남의 코가 아내의 얼굴에 붙지 않았다. 뿐만 아니라 아내는 있던 코마저 없어져서 더욱 흉한 모습이 되었다. 흉한 모습도 모습이지만 코를 베어낸 고통 때문에 얼굴이 하얗게 질리면서 쓰러졌다. 사나이는 자신의 생각과는 정반대로 전개된 상황이 믿어지지 않는 듯 어쩔 줄 몰라했다.

아름다워지고 싶은 것은 모든 여자의 본능이다. 3층에서 떨어진 메주처럼 멋대로 생긴 얼굴보다 양귀비와 클레오파트라를 합친 것 같은 미모를 가질 수만 있다면 얼마나 좋겠는가! 여자만이 아니다. 남자도 강건한 신체에 늠름한 기상의 미남자가 되길 바란다.

못생겨서 탈이지 잘생긴 것을 싫어할 사람은 아무도 없다. 아무리 추남이라도 너 잘났다면 좋아하는 것이 사람이다. 이렇게 생각하면 젊은 여자들이 쌍꺼풀 수술이나 콧대를 높이는 수술을 하는 것도 이해가 간다. 틈만 나면 거울을 들여다보고 아침마다 분단장한다고 흉볼 것도 아니다.

그러나 미모라는 것이 그렇다. 다듬고 바르면 약간 나아지기는 하겠지만 모든 사람이 미스 코리아나 미스터 코리아처럼 될 수는 없는 일이다. 모두가 미남미녀가 될 수 있다면 굳이 예뻐지려고 안달할 턱이 있겠는가!

여기서 우리는 중대한 사실을 한 가지 발견하게 된다. 미모란 아무리 다듬어도 한계가 있다는 것이다. 따라서 모두가 영화배우처럼 미남미녀가 되기보다는 내면이 아름다워지는 법을 배워야 한다.

내면이 아름다워진다는 것은 어떤 것인가? 비록 미모는 출중하지 않지만 만나보면 어떤 기품이 느껴지는 사람이 있다. 또 어떤 사람은 아주 착해 보이거나 씩씩해 보이기도 한다. 이것은 분명 겉모양의 아름다움과는 또 다른 아름다움이다. 이와는 반대로 얼굴은 번지르르한데 왠지 천박한 느낌을 주는 사람도 있다. 또 영악해 보여서 옆에 가기도 싫은 사람이 있다. 이렇게 외모를 보고 느낌이 다른 것은 내면의 아름다움이 다르기 때문이다.

얼굴이나 행동은 그 곧 사람의 전 인격(全人格)을 나타내는 것이다. 지성을 가진 사람은 얼굴이나 행동에 그것이 배어 나온다. 깡패의 얼굴이 신사 같을 수가 없고 술집 작부의 얼굴이 귀부인처럼 보일 수가 없다. 유행가 가사에 '마음이 고와야 여자지, 얼굴만 예쁘다고 여자냐…….' 하는 표현은 정곡을 찌른 말이다.

사람에게는 모두 남과 다른 개성미란 것이 숨어 있다. 야성미 · 순수미 · 지성미 · 건강미……. 이런 아름다움은 누구나 다 한 가지씩 가질 수 있다. 얼굴 뜯어고치는 수술하다가 부작용으로 고생하기보다 자기만의 아름다움을 가꾸어보는 것이 어떨지…….

셋째 마디

돈이란 무엇인가? 우리가 거기에 특별한 가치를 부여해서 그렇지,
따지고 보면 종잇조각에 불과하다.
사랑이란 무엇인가? 그것 역시 실체가 있는 것이 아니다.
명예나 권력도 마찬가지다.
우리는 이 허망한 것을 진실이라고 믿고 있을 뿐이다.
그것은 마치 보지도 않은 여자를 아내로 생각하고 잠자리도 같이 하지 않았는데
아들을 낳았다고 생각하는 것과 같다.

_ 결혼하지 않고 아들 낳기 중에서

황당한 얘기 믿다가 당황한 벌거숭이

가난한 날품팔이가 있었다. 입을 옷조차 변변치 못했던 그는 어느 날 남의 일을 해주고 대가로 거친 베옷 한 벌을 얻어 입었다.

그가 거친 베옷을 입고 거리에 나서자 어떤 사람이 말했다.

"보아하니 그대는 단정한 귀인의 아들 같은데 어째서 그런 거친 베옷을 입고 있는가?"

"저는 가난해서 좋은 옷을 입을 만한 형편이 못 됩니다."

"그것 참 안됐구려. 그러나 내게 좋은 방법이 있소. 좋은 옷을 입을 수 있는 방법을 가르쳐줄 테니 그대로 따라하시오."

가난한 사나이는 기뻐하면서 방법을 물었다.

"그 더러운 옷을 벗어 이 불 속에 던지시오. 그러면 좋은 옷이 나올 것이오."

"그러다가 좋은 옷이 생기지 않으면 어떻게 합니까?"

"글쎄, 내 말을 믿으라니까. 내 말을 믿고 그 헌 옷을 불에 태우면 정말 좋은 옷이 생긴다니까. 설마 내가 멀쩡한 사람 앞에 놓고 거짓말을 하겠는가?"

가난한 사람은 그가 워낙 자신만만하게 말하자 그 말을 믿고 베옷을 벗어 불 속에 던졌다. 그러나 베옷을 벗어 불태운 자리에는 바라던 좋은 옷이 나타나질 않았다. 그는 새 옷을 입기는커녕 헌 옷마저 잃어버리고 어쩔 줄 몰라했다.

1992년 10월 28일, 세계에서도 똑똑하기로 소문난 사람들이 사는 한국에서 웃지 못할 사건이 있었다. 성경에 기록돼 있는 지구의 종말을 사실대로 믿는 일부 기독교 신자들의 휴거(携擧 : 공중들림) 소동이었다. 그들은 지구의 종말과 예수의 공중재림, 그리고 하나님을 믿는 사람들이 산 채로 공중에 들려 올라가 구원을 받을 것이라고 믿고 선전해 왔다. 그러나 그들이 예언하고 믿어 온 '그날'이 돼도 아무 일도 일어나지 않았다. 그날 밤 10시까지도 휴거를 주장하던 일부 목사들은 텔레비전으로 생중계가 되는 가운데 끝내 휴거가 일어나지 않자 겸연쩍어하는 모습만 지어 보였을 뿐이었다. 그 뒤 휴거설을 퍼뜨린 다미선교회(다가올 미래에 대비하라는 말의 약칭)는 신도들에게 받은 헌금을 일부 되돌려주고 교회를 폐쇄했다.

그러나 문제는 이것으로 끝난 것이 아니었다. 정말 심각한 것은 다미선교회의 종말론에 속아 재산을 헌납하고 학교와 직장까지 버렸던 사람들이었다. 그들은 졸지에 재산과 직장을 모두 잃고 이웃으로부터 따돌림을 당하는 안타까운 현실로 내몰렸다. 스스로 선택한 것이라 보상도 받을 수 없고, 하소연도 할 수 없는 딱한 처지가 되어버린 것이다.

이 사건을 놓고 당시 많은 사람들은 여러 가지 원인 분석과 평가를 했다. 어떤 신학자는 '성경을 문자적(文字的)으로 해석한 오류'라고 설명했고, 어떤 사회학자는 '사회적 불안심리를 반영한 것'이라고 풀이했다. 또 어떤 사람은 '기성교회에서 영혼을 충족시켜 주지 못했기 때문'이었다고 말하기도 했다.

그러나 기독교를 믿지 않는 사람들의 해석은 좀 달랐다. 어차피 재림을 믿지 않으면 기독교 교리 자체가 성립될 수 없는 이상, 이 사건은 기독교 교회의 근본적 오류를 증명하는 것이라는 해석이었다. 아울러 그런 기독교라면 이와 같은 사건은 언제든지 재발할 수 있다는 주장도 덧붙였다.

물론 이러한 지적은 극단적인 것일 수도 있고, 신학적 논쟁의 여지가 많은 것이기도 하다. 하지만 한 가지 분명한 것은 신에 대한 절대적인 믿음만으로 모든 문제를 해결하려는 광신적 태도는 인간의 어리석음을 더욱 부채질할 뿐이라는 사실이다. 그릇된 믿음을 가진 사람이 있는 한 그러한 믿음은 유행병처럼 번질 것이고, 그렇게 되면 언제든지 그 같은 희극은 재연될 수밖에 없다.

어리석은 종교적 믿음으로부터 해방되는 길은 한 가지뿐이다. 인간의 이성에 기초해 합리적인 생각을 해야 한다는 것이다. 경험할 수 없고 증명할 수 없는 일을 '믿음'만으로 해결하려는 것은 지혜로운 사람이 취할 태도가 아니다. 헌 옷을 불에 태우면 좋은 옷이 생긴다는 황당한 얘기를 믿다가 헌 옷마저 잃고 당황하는 어리석은 벌거숭이가 되지 않도록 정신 바짝 차려야 한다.

결혼하지 않고 아들 낳기

양치는 사람이 있었다. 그는 양을 잘 키워 그 숫자가 1만여 마리에 이르렀다. 그러나 그는 욕심이 많고 인색하여 사람들로부터 자린고비로 불렸다.

이 소문을 들은 어떤 간교한 사람이 그를 꾀었다.

"나는 아주 예쁜 여자를 알고 있다. 너는 재산도 많고 하니 그 여자를 아내로 맞이하는 것이 어떤가? 내가 주선해주겠다."

욕심 많은 사람은 예쁜 여자를 아내로 맞을 수 있다는 말에 입이 귀밑까지 찢어질 만큼 좋아했다. 그는 매우 기뻐하면서 그에게 수백 마리의 양을 선물로 주었다.

그런 뒤 다시 얼마의 세월이 흘렀다. 간교한 사람은 다시 자린고비를 찾아와 이렇게 말했다.

"아주 기뻐할 일이 생겼다. 너의 아내가 튼튼한 아들을 낳았다."

양치는 사나이는 아직 그 아내의 코끝도 보지 못했는데 벌써 아들을 낳았다고 하니 더욱 기뻐했다. 그래서 이번에도 그에게 수백 마리의 양을 선물했다.

얼마 뒤 다시 그가 찾아와 말했다.

"이거 어쩌면 좋은가? 너의 아들이 그만 죽고 말았다. 참 안됐네."

양치는 사나이는 이 말을 듣고 하염없이 슬프게 울었다.

인생이란 참으로 허망한 것이다. 코 흘리며 뛰어놀던 때가 엊그제 같은데 벌써 청년이 되고, 청춘의 화려함을 자랑하기도 전에 귀 옆에 하얀 서리가 내린다. 이제 정신 차리고 철들었다 싶으면 어느새 죽음의 문턱에 서게 된다.

어디 세월뿐인가! 우리가 그토록 애지중지하던 돈과 명예, 사랑과 부귀도 뜬구름 같은 것이다. 옛사람이 쓴 '산다는 것은 한 조각 뜬구름이 생기는 것이요, 죽는다는 것은 한 조각 뜬구름이 사라지는 것이다[생야일편부운기 사야일편부운멸(生也一片浮雲起 死也一片浮雲滅)]'라는 시는 읽을수록 가슴을 친다.

그러나 우리는 이런 뜬구름 같은 인생을 뜬구름 같다고 생각지 않는다. 천년을 살 것처럼 착각하고 돈과 명예, 사랑과 부귀도 영원할 것으로 믿는다. 그래서 그것을 한 번 잡으면 놓지 않으려 한다.

그러나 돈과 명예와 사랑과 부귀란 본래 실체가 없는 환상이다. 돈이란 무엇인가? 우리가 거기에 특별한 가치를 부여해서 그렇지,

따지고 보면 종잇조각에 불과하다. 사랑이란 무엇인가? 그것 역시 실체가 있는 것이 아니다. 명예나 권력도 마찬가지다. 우리는 이 허망한 것을 진실이라고 믿고 있을 뿐이다. 그것은 마치 보지도 않은 여자를 아내로 생각하고 잠자리도 같이 하지 않았는데 아들을 낳았다고 생각하는 것과 같다. 다시 말해 스스로 만들어 놓은 환상에 속고 있는 것이다.

불교는 이 속임수로부터 깨어나라고 가르친다. 꿈을 깬다는 것이 비록 냉정한 것이라 하더라도 그래도 깨어나야 한다고 말한다. 허망한 환상에 집착하는 사람들은 불교의 가르침을 경청해야 한다.

만드는 사람과 부수는 사람

옛날 어떤 종교의 스승이 큰 잔치를 베풀기 위해 제자에게 심부름을 시켰다.

"잔치를 하려니 질그릇이 필요하구나. 너는 지금부터 시장에 나가 옹기장이 한 사람을 품으로 사 오너라."

제자는 스승의 말대로 옹기장이의 집으로 갔다. 옹기장이 집에는 그가 만들어 놓은 질그릇이 차곡차곡 쌓여 있었다. 옹기장이는 그 그릇들을 시장에 내다 팔기 위해, 일꾼을 시켜 나귀 수레에 싣고 있었다. 그런데 일꾼이 잠시 한눈을 파는 사이에 나귀가 뒷발로 그릇을 걷어차 모두 부숴버렸다. 옹기장이는 괴로워하다가 끝내는 주저앉아 울음을 터뜨렸다.

"왜 그렇게 슬퍼하고 괴로워하십니까?"

심부름 간 제자가 물었다.

"저 그릇들은 온갖 고생을 다해 가며 만든 것이오. 이제 시장에 내다 팔아 돈을 마련하려고 했는데 저 고약한 나귀란 놈이 잠깐 사이에 모두 부숴버리고 말았소. 그러니 어찌 괴롭고 슬프지 않겠소."

심부름 간 제자는 이 말을 듣고 기뻐하면서 말했다.

"그래요? 그렇다면 나귀야말로 참으로 훌륭하다고 할 수 있군요. 당신이 오랜 시간에 걸쳐 힘들여 만든 것을 순식간에 부쉈으니 당신보다 나귀가 더 훌륭하군요. 제가 그 나귀를 사겠습니다."

뜻밖의 제안을 받은 옹기장이는 그렇지 않아도 나귀가 밉던 차에 많은 돈까지 내고 사 가겠다는 사람이 나서자 선뜻 팔겠다고 했다. 이리하여 심부름 간 제자는 옹기장이 대신 나귀를 타고 스승이 있는 집으로 돌아왔다.

"아니 옹기장이는 데려오지 않고, 왜 나귀를 타고 왔느냐?"

스승이 물었다. 이에 제자가 대답했다.

"이 나귀가 옹기장이보다 훌륭합니다. 옹기장이는 몇 날 며칠이 걸려야 그릇을 만들지만 이 나귀는 순식간에 그것을 부숴버립니다. 그래서 나귀를 끌고 왔습니다."

스승이 한숨을 쉬며 말했다.

"너는 참으로 미련하고 어리석기가 저 나귀보다 더하구나. 이 나귀는 그릇을 부수는 데 적당할지 모르나, 백 년을 놔두어도 그릇 하나 만들지 못한다. 나는 그릇 만드는 옹기장이가 필요하지 그릇 깨는 나귀는 필요 없다."

모든 존재나 사물은 각각 쓰임새
가 다르다. 서까래와 대들보는 자리를 바꿔 놓으면 제 역할을 못한
다. 밭 가는 사람이 옷 짜고, 옷 짜는 사람이 밭 갈 수도 있지만,
전심해서 밭 갈고 옷 짜는 사람에는 미치지 못한다는 말이다.

사람들은 가끔 이 점을 잊고 사는 수가 많다. 그러나 학생이 아
무리 공부를 잘한다고 해도 어떻게 스승을 가르칠 수가 있단 말인
가! 평생 장사만 하던 사람이 어떻게 정치를 하고, 평생 남을 가르
치던 사람이 어떻게 사업을 할 수 있단 말인가! 옛 어른들이 '열 가
지 재주 가진 놈, 끼니 걱정한다'고 한 말은 진실이다.

현대사회는 전문화 시대다. 어설프게 여기저기 기웃거렸다가는
문전박대 신세를 면치 못한다. 무슨 일이든 한 가지에 전심전력할
때 거기에 승부처가 있다. 학문을 하든, 기술을 배우든, 장사를 하
든, 어떤 분야에서든 최고의 전문가가 되는 것, 이것이 성공한 삶
을 사는 방법이다.

이런 기준은 인재를 등용할 때도 적용된다. 어떤 사람이 글씨
쓰는 분야에서 성공을 거두었다고 그림 그리는 일도 잘 해낼 것을
기대하는 것은 무리다. 총 잘 쏘는 능력을 가졌다고 다른 분야에
서도 성공하리라는 기대는 어디까지나 '기대'일 뿐이다. '그 자리'에
꼭 필요한 사람이 그 일의 전문가다. 그 전문가를 골라내는 것이
경영을 책임진 사람이 할 일이다. 나라를 경영하거나 회사를 경영
하는 사람은 분야별로 능력 있는 전문가를 골라내는 눈을 가져야
한다. 그래야 능력 있는 전문경영인이 된다.

훔치다가 모두 잃은 도둑

두 사람의 장사꾼이 있었다. 한 사람은 금을 파는 사람이었고 한 사람은 '툴라'라는 솜을 파는 사람이었다.

두 장사꾼은 물건을 팔기 위해 시장에 나가 전을 폈다. 사람들은 솜보다는 금을 만지기도 하고 유심히 들여다보기도 했다. 솜은 별로 거들떠보지도 않았다.

"이거 진짜 금이요?"

어떤 이가 또 금장수 앞에서 묻자, 그는 천천히 대답했다.

"네, 진짜 금입니다."

"내가 실험해봐도 되겠소?"

"그러시지요."

그는 실험하기 위해 금을 뜨거운 불로 태웠다. 금은 불에 그을어 시꺼멓게 변했다. 이때 솜장수가 얼른 금을 훔쳐 자기의 솜으로 쌌다.

그러나 뜨거운 금을 툴라 솜으로 쌌기 때문에 모두 녹아 내리고 말았다.

솜장수는 솜도 잃고 금도 다시 빼앗기고 말았다.

조선시대의 고승인 서산대사 휴정(休靜, 1520~1604)이 쓴 ≪선가귀감≫이란 책을 보면 이런 말이 나온다. "이치는 단번에 깨달을 수 있어도 버릇은 한꺼번에 고칠 수 없다."

남을 괴롭히는 깡패치고 그런 짓을 해서는 안 된다는 사실을 모르는 사람은 없다. 남의 물건을 훔치는 도둑도 그것이 나쁘다는 것을 모르지는 않는다. 말귀를 알아듣기 시작할 때부터 들어온 것이 '착한 일을 해야 한다' '정직해야 한다'는 말이었다.

이치로도 그렇다. 내가 남을 괴롭히면 남도 나를 괴롭힐 수 있다. 남이 나를 괴롭히면 싫듯이 남도 내가 괴롭히면 싫어한다. 그렇다면 남을 괴롭히는 일을 하지 않아야 한다. 남의 물건을 훔치지 않아야 하는 것도 같은 이치다. 세상에 천치 바보가 아닌 다음에야 이를 모를 사람이 어디에 있겠는가!

그러나 알고 있는 것만큼 실천이 못 따르는 것이 사람이다. 남을 괴롭히지 말고, 훔치지 말아야 하는 것을 알면서도 실천이 뒤따르지 못한다. 거의 무의식적으로 속이고 괴롭히고 훔친다. 왜 그런가? 나쁜 버릇에 길들여져 있기 때문이다.

물질의 운동법칙 가운데 '관성(慣性)의 법칙'이란 것이 있다. 날아가는 돌멩이가 한순간 딱 멈출 수 없는 것을 말한다. 사람의 버릇도 마찬가지다. 나쁜 쪽으로 길들여져 있으면 자신도 모르게 습관적으로 나쁜 행동이 나온다. 머리로는 하지 말아야겠다고 생각하는데 손은 벌써 다른 짓을 하고 있는 것이다.

나쁜 버릇을 하루아침에 고치기 어렵다고 포기해서는 안 된다. 나쁜 버릇이 오랜 시간 길들여져 온 것이라면, 좋은 버릇도 오랜 시간 길들이면 된다. 그것이 힘들더라도 그렇게 해야 한다.

좋은 버릇을 길들이지 않으면, 언젠가는 나쁜 버릇 때문에 패가망신하게 된다. 남의 것을 훔치려다가 감옥에 가는 사람이 얼마나 많은가!

어리석은 사람의 과일 따기

어떤 왕에게 맛있는 열매를 맺는 과일나무가 한 그루 있었다. 그 나무는 키가 크고 우람해서 보기에도 좋았다. 왕은 어서 가을이 되어 열매가 열리기를 기다렸다.

하늘이 높고 오곡이 무르익는 가을이 되었다. 왕은 나무 밑으로 가서 열매를 따려고 했으나 너무 높아 손이 닿지 않았다. 그때 마침 한 신하가 지나갔다. 왕은 신하를 불러 세워 과일나무의 열매를 딸 수 있는 방법을 물었다.

"대왕이시여, 이 나무의 열매는 높은 곳에 매달려 있어서 아무리 먹고 싶어도 손에 넣을 수가 없습니다. 저의 생각으로는 나무를 베어 열매를 딴 다음에 다시 세워 놓는 것이 좋을 것 같습니다."

"그러면 그렇게 하도록 해라."

신하는 곧 하인을 시켜 나무를 베도록 했다. 그러나 나무는 쓰러지면서 열매는 뭉개져 버렸다. 또 나무를 다시 심었으나, 뿌리가 없는 나무는 이내 말라 죽었다.

왕은 열매도 얻지 못하고 나무만 잃고 말았다.

🐤🐤🐤 　　　　　　　　인간의 욕심이란 한도 없고 끝도 없다. 일찍이 부처님은 "히말라야를 황금으로 덮는다 해도 인간의 탐욕은 다 채울 수 없다."고 말한 바 있다. 참으로 적절한 지적이란 생각이 든다.

인간의 욕심은 무자비하다. 욕심을 채우기 위해서는 못하는 일이 없다. 남을 속이고 짓밟는 것은 예사고 심지어 사람의 생명까지 빼앗는다. 이런 정도이니 자연이라고 가만히 놔둘 리가 없다. 욕심을 위해서라면 자연환경 자체를 바꾸어 놓으려고 한다. 나무를 베어내고 물길을 바꾸어 동물을 학살한다. 생태계가 파괴되든 말든 내가 알 바 아니라는 태도다.

공장에서 쏟아내는 폐수, 자동차에서 내뿜는 배기가스는 또 어떤가? 나만 이익을 얻고 나만 편하면 그만이라는 생각이 마침내 물과 공기마저 오염시키고 말았다. 울창한 원시림에서 생겨나던 산소는 산림훼손으로 그 양이 점점 줄어들고 대기오염으로 숨 쉬기도 벅차다. 어디 그뿐인가? 심각한 대기오염은 지구를 둘러싸고 있는 오존층을 파괴시켜 가고 있다. 그런데도 인간은 욕심을 멈추지 않는다. 브레이크가 고장난 열차처럼 무한질주를 계속한다.

자연환경은 한번 오손(汚損)되면 회복이 무척 어렵다. 나무 한 그루를 키우는 데 걸리는 시간은 30년이다. 파괴된 자연환경을 회복하는 데는 또 얼마나 많은 시간이 걸릴지⋯⋯. 자연의 자정능력(自淨能力)에도 한계가 있는 법이다. 자정능력을 넘어서는 파괴와 훼손, 오염이 계속된다면 인간은 결국 자신이 살아야 할 곳마저 빼앗기게 될 것이다. 벌써 도시민들은 수돗물을 믿지 못해 생수를 사 마시느라고 난리다. 자업자득이다. 어릴 때 멱을 감으며 물장구치고 놀던 시냇물은 이제 발도 담글 수 없게 됐다. 빨래를 넣어 놓으면 분진이 뽀얗게 앉는 곳도 있다.

이런 환경은 자연이 스스로 만들어낸 것이 아니다. 인간의 밑도 끝도 없는 욕심이 빚어낸 비극적 산물이다.

자연을 오염과 파괴로부터 보호하고 보전하는 길은 인간의 욕심을 줄이는 것뿐이다. 욕심을 줄이는 것보다 아주 없애는 것이 바람직하지만 수행자도 아닌 사람들에게 그것은 힘든 요구다. 그러니 없애지는 못할망정 조금씩 줄이는 지혜를 배워야 한다는 것이다.

욕심이 난다고 과일나무를 통째로 잘라버리면 다시는 열매를 얻을 수 없다. 조금 불편하고 힘들더라도 사다리를 놓고 올라가 열매를 따는 지혜가 필요하다는 얘기다. 사다리를 놓고 열매를 따면 하나도 남김없이 욕심껏 다 딸 수는 없을 것이다. 그러나 내년에도 또 다음에도 열매를 딸 수 있으니 결과적으로 그것이 훨씬 이득이다. 자연보호와 환경보전의 이치도 이와 같다.

미래학자 앨빈 토플러는 "인간은 자연이 낳아준 이자(利子)로 지금까지 살아 왔지만, 이제는 자연이 저축한 자본까지 까먹는 지경"

이라고 경고했다. 굳이 토플러의 경고를 들먹이지 않더라도 우리가 앞으로 어떻게 해야 할지는 분명하다. 제발 더 늦기 전에 조금 불편하더라도 욕심을 줄이자.

50리를 30리로 줄이는 법

어떤 마을에 아주 맛있는 우물이 하나 있었다. 소문이 나자 원근에서 많은 사람들이 물을 길어 갔다.

소문은 왕의 귀에까지 들어갔다. 왕은 마을 사람들에게 명하여 날마다 그 물을 길어 궁전까지 배달하도록 했다.

마을에서 궁전까지는 50리나 되는 먼 거리였다. 마을 사람들은 매일같이 순번을 짜서 궁전으로 물을 떠 날랐지만, 하루 이틀이 지나자 모두 이를 회피하려 했다. 물배달을 하기 싫어 아예 마을을 떠나는 사람까지 생겨났다.

마을을 떠나는 사람이 생기자 물배달 순서는 더 빨리 돌아왔다. 그러면서 사람들의 불만은 더욱 높아졌다.

"좋은 샘물 옆에 살다가 날벼락을 맞는구먼. 그나저나 왕복 100리 길을 어떻게 물배달을 하나. 하루 이틀도 아니고⋯⋯."

상황이 이 지경에 이르자 촌장이 마을 사람들을 불러모았다.

"여러분, 내게 묘안이 있소. 내가 왕을 만나 50리를 30리로 고치도록 하겠소. 그러면 우리가 물배달을 하는 것이 훨씬 쉬워질 것이오. 그러니 여러분들도 마을을 떠나지 마시오."

촌장은 왕에게 가서 마을 사람들의 어려움을 이야기하고 50리를 30리로 바꾸어달라고 요청했다. 왕은 촌장의 요구대로 50리를 30리로 바꾸어주었다. 촌장은 마을로 돌아와 이 사실을 알렸다. 사람들은 이제야 고생을 조금 덜게 되었다며 좋아했다.

그때 마을 사람 가운데 한 사람이 일어나 이의를 제기했다.

"50리를 30리로 부른다고 하지만 그런다고 50리가 30리로 좁혀진 것은 아니지 않은가? 아무리 30리로 부른다 해도 거리는 50리인 채 그대로 남아 있지 않은가? 달라진 것은 말뿐이지 아무 것도 없다. 나는 이 마을을 떠나겠다."

그러나 마을 사람들은 왕의 말을 끝까지 믿었다. 그래서 그들은 마을을 떠나지 않았다.

불교에서 흔히 쓰는 술어에 '모든 것은 마음이 만든다(一切唯心造)'는 말이 있다. 이 말은 원래 ≪화엄경≫이라는 불교의 최고 경전에서 유래된 것으로 앞뒤를 연결해 보면 이렇다.

'만약 어떤 사람이 과거·현재·미래의 모든 부처님께서 깨달은 것을 알고자 한다면 마땅히 진리세계의 본성을 관찰하라. 모든 것은 마음이 만든 것이다[약인욕요지 삼세일체불 응관법계성 일체유심조(若人欲了知 三世一切佛 應觀法界性 一切唯心造)].'

그런데 이에 대해 사람들은 곧잘 오해를 한다. 마음이 모든 것을 만든다니까 객관적인 어떤 사물도 만들어낼 수 있다고 믿는 것이다. 즉 50리나 되는 거리를 마음만 먹으면 30리로 바꿀 수 있다고 믿는 것이다. 그러나 마음이 모든 것을 만든다는 것은 그런 뜻이 아니다. 마음이 만든다는 것은 객관적 사물 자체가 아니라 그것이 좋은지 나쁜지, 둥근지 모가 났는지, 예쁜지 추한지를 판단한다는 뜻이다. '제 눈에 안경'이란 바로 여기에 해당한다. 이것은 순전히 인식론적인 문제이지, 존재론적인 문제가 아니다.

인식론을 존재론으로 착각하면 엄청난 오류가 생긴다. 예를 들어 민중을 탄압하는 독재정권이 있다고 하자. 그들은 권력을 휘두르고 부(富)를 독점했다. 이때 사람들이 '일체는 유심조야. 독재정권이면 어때, 오히려 독재정권이 편하지.'라고 생각한다면 문제는 심각하다. 객관적 사실의 변화가 없는데 독재가 아니라고 한다면 이는 현실을 왜곡하는 것이다.

불교는 사실을 왜곡하고 착각하도록 가르치는 종교가 아니다. 있는 그대로 여실(如實)하게 보고 판단하라고 말한다.

'모든 것은 변하고[제행무상(諸行無常)] 고정적 실체가 없으며[제법무아(諸法無我)] 고통의 존재[일체개고(一切皆苦)]'라는 것이 냉정한 현실 인식이다. 이 사실은 마음을 바꿔 먹는다고 변하지 않는다. 그래서 세 가지 진리[삼법인(三法印)]라고 말한다.

그러면 모든 것을 마음이 만든다는 진정한 뜻은 무엇인가? 마음은 창조적 의지를 굳게 할 수 있다. 현실을 개혁해야겠다거나 독재에 저항해야겠다고 생각하면 마음 먹으면 그럴 수 있는 용기도 일으키고 방법도 생각한다. 자동차를 만들겠다고 모델을 구상하고 기계적 장치를 생각하면 그런 행위를 하게 되고, 그 행위가 자동차를 만든다. 선과 악도 이렇게 마음이 지어간다.

'일체유심조'의 뜻은 여기에 있다.

거울 속의 사나이

가난하고 능력 없는 사람이 있었다. 그는 남에게 빚을 많이 졌으나 갚을 길이 없었다. 생각 끝에 그는 아무도 모르는 곳으로 도망치기로 했다. 빚 독촉을 피할 방법은 그것밖에 없었다.

그가 도망친 곳은 넓은 도시였다. 그곳에서 그는 행운을 만났다. 보물이 가득 찬 보물상자를 얻은 것이다.

보물상자는 겉모양부터 화려했다. 겉에는 유리거울이 둘러져 있었다. 가난한 사람은 이제 빚도 갚고 부자가 될 수 있다는 기대로 싱글벙글 기쁨을 감추지 못했다.

사나이는 보물상자를 아무도 없는 곳으로 옮겨 갔다. 혹 강도라도 나올까 두려워서였다. 주변에 아무도 없는 것을 확인한 사나이는 드디어 회심의 미소를 지으며 보물상자를 열려고 했다. 그런데 이게 어찌된 일인가? 보물상자의 거울 속에 갑자기 어떤 사나이가 웃으면서 나타나는 것이었다. 사나이는 깜짝 놀랐다. 그랬더니 보물상자 거울 속의 사나이도 깜짝 놀라는 것이었다.

사나이는 두려운 생각이 들었다. 거울 속의 사나이가 주인이라면 자기를 도둑으로 몰 텐데, 그러면 큰일이었다. 사나이는 상자 뚜껑을 열지도 못하고 거울 속의 사나이에게 합장을 하며 변명을 했다.

"나는 이 상자에 보물이 들어 있다고 생각하지 않았다. 빈 상자인 줄 알았다. 정말로 당신이 이 상자의 주인인 줄 몰랐다. 그러니 화내지 않았으면 좋겠다."

그랬더니 거울 속의 사나이도 합장을 하는 것이었다. 사나이는 그가 자기의 변명을 듣고 용서하는 줄로만 알고 재빨리 뒷걸음질쳐서 도망을 쳤다.

　　　　　　　　유난히 개를 무서워하는 사람이 있다. 개를 무서워하는 사람은 멀리서 강아지 한 마리가 꼬리를 흔들어도 골목 뒤로 숨는다. 조금 큰 개가 나타나 멍멍 짖어대기라도 하면 바지에 오줌을 지리는 사람도 있다.

개를 무서워하는 사람은 대체로 겁쟁이들이다. 어떤 일에도 자신이 없고 실패를 몹시 두려워한다. 어떤 일에 나서지 못하는 것도 일이 잘못되면 어쩌나 하는 불안감 때문이다.

모든 겁쟁이들의 공통된 특징은 보이지 않는 어떤 환상에 대한 두려움이다. 개를 무서워하는 사람은 '저 개가 덤벼들어 물면 어쩌나.' 하는 가상적(假象的) 사실을 현실로 생각한다. 물이 조금만 깊어도 수영을 못하는 사람, 다리(橋)가 조금만 높아도 건너지 못하는 사람, 바람이 조금만 불어도 오금이 저리는 사람도 마찬가지다. 생각으로 그리는 가상의 세계를 현실화시키기 때문이다. 일종의 환상(幻想)에 대한 공포인 셈이다.

두려움의 환상에 사로잡힌 사람에게서 그것을 벗겨내려면 두렵다고 생각하는 현실 속으로 밀어 넣는 방법이 가장 효과적이다. 개 옆으로 당당하게 걸어가면 개가 꼬리를 내리고 도망간다는 사실을 확인시켜 주는 것이다.

거울 속에 있는 허상(虛想)의 사나이는 거울을 깨버려야 도망을 간다. 환상이 깨져야 사실의 세계가 펼쳐진다.

수행자의 눈 빼는 어리석음

어떤 사람이 산에 들어가 신선술을 닦아서 신통(神通)을 얻었다. 그가 얻은 신통은 능히 땅속에 있는 것까지 꿰뚫어 볼 수 있는 능력(天眼通)이었다.

국왕이 이 소문을 듣고 기뻐하면서 한 신하에게 말했다.

"어떻게 하면 그 사람이 다른 나라로 가지 않고 이곳에 머물게 할 수 있을까?"

왕은 그의 신통력을 이용해 땅속의 보물을 찾아 창고를 가득 채울 속셈이었다. 국왕의 말을 들은 신하는 그가 있는 곳으로 가서 그의 두 눈을 뽑아 왔다.

"대왕이시여, 그의 신통한 눈을 뽑아 왔습니다. 그는 이제 아무 곳으로도 가지 못하고 이 나라에 있을 것입니다."

그러자 왕이 놀라서 말했다.

"내가 그 사람을 여기에 있도록 욕심을 낸 것은 땅속에 묻혀 있는 보물을 보기 위함이었는데 네가 지금 그의 두 눈을 뽑아 왔으니 그가 어떻게 그 일을 할 수 있겠는가?"

과학적인 것만을 좋아하는 현대인들에게 신통에 관한 얘기는 허황하게 들린다. 사람의 능력이란 한계가 있는 법인데 신통이란 것이 있을 수 있겠냐는 것이다.

그러나 실제로 보통 사람 이상의 초능력을 가진 사람은 얼마든지 있다. 3살밖에 안 된 어린아이가 5개 국어를 술술 한다든지, 어떤 책이든 한 번만 보면 모조리 암기한다든지 하는 얘기는 심심찮게 듣는다. 또 차력사가 한 손으로 자동차를 끈다든지 앉은 자리에서 10미터를 뛰어오른다든가 하는 것도 쉽게 목격되는 일이다.

신통이란 이렇게 보통 인간 이상의 능력, 즉 초능력을 말한다. 이 능력은 선천적인 것도 있고 수련에 의해 이루어지는 것도 있다. 경전의 기록에 의하면 부처님은 무려 여섯 가지의 초능력[이를 육신통 (六神通)이라 한다]을 가졌으며 부처님의 제자들도 신통력을 가진 사람이 적지 않았다고 한다.

그러나 부처님은 제자들에게 이러한 초능력을 행사하는 것은 물론, 그것만을 얻기 위한 수련을 금했다. 초능력을 얻는 것이 불교 수행의 목적이 아닐뿐더러, 그런 것에 빠지면 정작 중요한 번뇌망상의 집착에서 해탈할 수 없다고 판단했기 때문이다. 또 그런 능력을 가졌다고 말이 퍼지면 신기한 것을 좋아하는 사람들의 등쌀에 수행에 적지 않은 방해를 받을 것을 우려했던 것이다. 그래서 계율에도 수행자는 신통을 금할 것을 명시하고 있다.

신통이란 따지고 보면 몇몇 사람에게만 가능한 신비한 능력은 아니다. 누구에게나 그런 능력이 잠재돼 있지만 그것을 계발하지 않았을 따름이다. 따라서 그런 것에 현혹되어 불교적 수행의 궁극적 목표가 신통력의 완성이라고 생각해서는 안 된다.

불교 수행의 목표는 어디까지나 인생의 현실을 직시하고 괴로움으로부터의 해탈에 있음을 기억해야 한다. 아울러 세속의 사람들이 수행자들의 진지한 수도 생활을 방해하지 않도록 도와주는 것도 매우 중요하다. 공연히 수행자들을 시비(是非)의 광장에 끌어내서 이러쿵저러쿵하는 풍조는 바람직하지 않다. 본의는 아니라도 결과적으로 수행을 방해하는 행위는 큰 죄를 짓는 것이다.

재속(在俗)의 사람들이 수행자를 대할 때는 그들의 청빈하고 진지한 삶을 통해 자기의 삶을 반성하는 거울로 삼는 것이 좋다. 그래야 서로에게 이익이다.

목동의 자포자기

250마리나 되는 소를 키우는 사람이 있었다. 그는 항상 때가 되면 물풀이 있는 곳으로 소를 몰고 가 풀을 뜯게 했다.

어느 날이었다. 그날도 소를 몰고 나가 물풀을 뜯게 했다. 소들은 한가롭게 풀을 뜯었다. 사나이는 느긋한 마음에 한눈을 팔았다.

그때였다. 어디선가 호랑이 한 마리가 나타나 소 한 마리를 잡아먹었다. 사나이는 낙심천만이었다.

"아, 한 마리를 잃었으니 이제 250마리라는 숫자는 완전해질 수 없게 됐구나. 나머지는 있으나마나 쓸모가 없게 되었구나."

이렇게 탄식한 사나이는 소 떼를 깊은 구덩이로 몰고 가서 밀어 넣어 죽여버렸다. 사나이의 얼굴에는 짙은 슬픔의 그림자가 지워지지 않았다.

출가수행자가 지켜야 할 계율은
매우 엄격하고 까다롭다. 20살 미만의 젊은 수행자는 사미십계(沙彌
十戒)라는 것을 받아 열 가지 계를 지켜야 한다.

　20살이 넘은 수행자는 구족계(具足戒)라 하여 남자는 250가지, 여
자는 348가지 계를 지켜야 한다. 여자가 남자보다 계목(戒目)이 더
많은 것은 신체의 생리구조가 복잡하기 때문이다.

　불교의 출가수행자가 계를 지키는 것은 몸과 마음을 바르고 깨
끗하게 다스리기 위해서다. 그래야만 번뇌망상으로부터 자유로워지
고 마침내 깨달음과 해탈에 이를 수 있다. 부처님이 임종에 즈음해
서 제자들에게 당부한 유훈 가운데 "내가 죽고 나면 계율을 스승
으로 삼으라[이율위사(以戒爲師)]."라고 한 것은 이 계율 속에 바른 삶의
지표가 들어 있기 때문이다.

　그러나 출가수행자가 계를 받아 지키는 것은 그 자체가 목적이
아니다. 계란 어디까지나 거룩한 깨달음을 얻기 위한 수단 또는 방
법이다. 따라서 계율 자체를 절대시하거나 목적시하는 것은 옳지
않다. 경우에 따라서는 계를 범할 수도 있다는 얘기다. 예를 들어
어떤 여자가 물에 빠져 허우적거리고 있다면 마땅히 건져주어야 한
다. 비록 수행자가 여자를 가까이하거나 손을 잡으면 안 된다고 규
정돼 있더라도 사람을 살리는 일이 더 중요하기 때문이다. 만약 이
때 수행자가 계를 지키기 위해 물에 빠진 여자를 외면했다면 그는
미필적(未必的) 고의(故意)로 사람을 죽인 것이 된다. 이는 설령 자신이
지옥에 가더라도 일체 중생을 건지겠다는 대자비의 정신에 비추어
보아도 옳은 것이 못 된다.

그러나 계율에만 집착하는 사람은 이런 유연성이 없다. 한 가지를 잃으면 모든 것을 잃어버린 듯 낙담한다. 그러다가 끝내는 자포자기하는 심정이 되어 모든 계율을 팽개친다. 이는 결국 타락의 길로 가는 지름길이다.

　　세속의 사람도 그렇다. 피치 못할 사정으로 또는 순간적 판단의 실수로 순결을 잃은 여자가 있다고 하자. 그의 심정이 얼마나 비통하고 참담할지는 짐작하고도 남음이 있다. 그렇지만 그 일로 해서 인생 자체를 포기하는 것은 잘못이다. 비록 한 마리의 소는 잃어버렸지만 아직 249마리의 소는 고스란히 남아 있지 않은가! 그런데도 그 나머지 소까지 구렁텅이에 몰아넣어 죽여버리듯이 자신의 전부를 황폐한 타락의 시궁창에 던져버린다면 이는 어리석은 일이다.

　　말이 나왔으니 말이지만, 세상에 한두 가지의 계율을 잃지 않은 사람이 어디 있는가? 살생도 하고 거짓말도 하고 도둑질도 하고 음란한 행위도 하면서 살아간다. 만약 도덕적으로 완벽하다고 자처하는 사람이 있다면 그는 목석이거나 위선자, 둘 중 하나다.

　　인간은 누구나 잘못과 실수를 한다. 문제는 그것을 얼마나 줄일 수 있느냐, 어떻게 줄이느냐 하는 것이다. 종교나 계율은 그것을 줄여 가는 수단이자 방법이다. 잃어버린 한 마리의 소 못지않게 남아 있는 249마리의 소떼를 더욱 잘 지키려는 생각이 중요하다.

더 이상 필요 없는 물

어떤 사람이 길을 가다가 목이 말랐다. 마실 물이 없을까 하고 살피던 그는 마침 나무 홈통을 타고 맑은 물이 흐르는 것을 발견했다.

그는 나무 홈통을 타고 흐르는 물을 실컷 마셨다. 그리고 얼굴도 씻고 머리도 감았다. 그랬더니 한결 시원했다.

물을 다 마신 그는 더 이상 물이 필요 없었다. 그래서 나무 홈통에 대고 이렇게 말했다.

"이제 물을 실컷 마셨으니 더 이상 물을 흘려보내지 말아라."

그러나 나무 홈통에서는 계속 물이 흘러내렸다. 몇 번을 말했지만 결과는 똑같았다. 그는 화를 내면서 말했다.

"이제 물은 필요 없대두. 물을 흘려보내지 말라는데 왜 자꾸 흘려보내는가?"

이때 어떤 사람이 그 옆을 지나다가 이를 보고 비웃으며 말했다.

"이 사람아, 물을 다 마셨으면 당신이 떠나면 될 것을, 왜 홈통 보고 물을 흘려보내지 말라고 하는가?"

 시민의식에 관한 한 우리나라의 수준은 가히 '세계적'이라 할 만하다. 높은 쪽으로가 아니라 낮은 쪽으로 말이다.

도대체 우리들은 공공시설물을 아낄 줄 모른다. 공중변소, 쓰레기통, 공원의 벤치 등 여러 사람이 함께 사용하는 물건치고 성한 것이 없다. 화장실 수도꼭지는 고쳐 놓은 지 며칠 뒤면 누군가가 또 비틀어 놓는다. 쓰레기통 발로 차기, 공원 벤치 부수기 등등 예를 들자면 끝이 없다. 자기가 잘 이용했으면 남도 요긴하게 이용하도록 해야 할 텐데, 그것은 도저히 못 보겠다는 듯이 망가뜨린다. 도대체 무슨 놀부 심보인지 알다가도 모를 일이다.

거리질서는 또 어떤가? 담배를 피운 뒤 꽁초는 아무 데나 함부로 버린다. 껌을 씹다가도 슬쩍 뱉어버리기 예사고 코 푼 휴지도 아무 데나 던져버린다. 나만 편하면 그만이라는 생각이다.

이런 돼먹지 못한 버릇들 때문에 거리는 쓰레기통을 방불케 한다. 새벽에 청소원들이 그토록 거리를 쓸어도 잠시 뒤면 마찬가지다. 보도에 덕지덕지 붙은 껌을 보노라면 한숨이 절로 나온다.

싱가포르 같은 나라는 시민들의 이런 버릇을 고치기 위해 엄청난 벌금제를 시행하고 있는 것으로 유명하다. 담배꽁초를 아무 데나 버리면 10만 원, 침이나 가래를 함부로 뱉어도 10만 원의 벌금을 물린다. 화장실에 들어갔다가 물을 내리지 않고 나와도 벌금이다. 이런 제도 덕분에 싱가포르는 세계에서도 깨끗하기로 소문나 있다.

여러 사람이 함께 쓰는 물건, 모두가 이용하는 공공시설물을 아끼고 보호해야 하는 것은 남을 위해서가 아니라 자기를 위해서다. 나는 이미 사용했으니 다른 사람은 불편해도 좋다는 심보는 심술통이다. 거리를 지나는 사람들이 겉은 번지르르한데 속에는 심술통이 하나 더 들어 있다면 이게 무슨 희극인가? 심술통을 제거하고 양심통으로 바꾸어 달아야 할 것이다.

최선과 최악 사이

어떤 사람이 남의 집을 방문하게 되었다. 그 집주인은 마침 담 벽을 바르고 있었는데 그 바탕이 편편하고 깨끗해서 보기에 아주 좋았다. 그가 궁금해 주인에게 물어보았다.

"진흙에 무엇을 섞어 바르기에 이처럼 보기에 좋습니까?"

"벼와 보리를 물에 푹 담가 두었다가 진흙을 섞어서 바르면 이렇게 됩니다."

주인의 설명을 들은 그는 이렇게 생각했다.

'벼와 보리를 섞어서 쓰는 것보다 벼만 쓴다면 벽이 더 희고 깨끗해질 것이다. 진흙도 잘 섞일 것이고……'

그는 벼가 보리보다 더 좋은 것이므로 좋은 것만 쓰면 더 좋을 것이라고 생각한 것이다.

그는 집에 돌아오는 즉시 곧 벼만 물에 담갔다가 그 물에 진흙을 섞어 벽을 발랐다. 그러나 어찌된 노릇인지 진흙도 잘 섞이지 않을 뿐더러 벽도 잘 발라지지 않았다. 결국 그는 벽만 버리고 말았다.

어린 시절에 누구나 다 경험한 것이지만 그때는 무조건 맛있는 것만 먹고 싶어 한다. 밥상에 고기반찬이 올라오면 젓가락이 거기로만 갔다. 이럴 때 어머니는 살며시 눈을 흘기거나 야단을 친다. 왜 고기만 먹으려고 하느냐는 것이다. 물론 그때는 고기반찬이 그렇게 흔한 것이 아니어서 식구들이 나누어 먹어야 했으므로 어머니가 핀잔으로 만류했다.

그러나 더 깊은 뜻은 반드시 나누어 먹어야 한다는 것만이 아니었다. 그보다는 편식을 하지 말아야 한다는 뜻이 더 강했다. 단것만 좋아하고 맵고 짠것은 기피하는 아이들에게 야단을 치는 뜻도 여기에 있다.

요즘도 마찬가지다. 아이들은 햄버거니 피자니 하는 음식만 좋아한다. 된장찌개나 김치 같은 것은 거들떠보지도 않으려고 한다. 생각이 깊은 부모들은 이런 아이들을 보면 걱정을 하고 나무란다. 영양을 골고루 섭취해야지 한 가지 음식이 맛있다고 편식을 하면 안 된다고 가르친다.

편식을 하면 안 된다는 것은 어른들이 경험적으로 알고 있는 사실이다. 입에 맛있는 음식만 즐겨 먹으면 인체가 필요로 하는 영양소가 제대로 공급되지 않는다. 어떤 경우는 특정 영양소가 과다해 저서 성인병의 원인이 된다. 옛날에는 영양실조로 병이 왔지만 요즘은 영양과다로 병이 온다. 당뇨병, 중풍, 위산과다 같은 질병이 영양과다에서 오는 병으로 알려지고 있다.

어찌 음식뿐이겠는가! 비단옷이 아무리 좋다 해도 그것으로 속옷을 해 입으면 피부에 좋지 않다. 시원한 모시옷은 여름에는 최고의 옷감이지만 겨울에는 적합하지 않다. 모시옷이 좋다고 겨울에도 입으면 감기에 걸린다. 반대로 겨울에 최고인 솜옷을 여름에는 입지 못한다. 좋은 것, 최고만이 다 좋은 것은 아니다. 모든 일에는 절차와 방법이 따로 있고 쓰임새도 다르다. 이것을 혼동해서는 더 큰 손해를 자초하게 된다.

환자도 대머리, 의사도 대머리

한 작은 마을에 어떤 사나이가 있었다. 그에게는 고민이 한 가지 있었다. 머리에 털이 하나도 없는 대머리 때문이었다. 마을 사람들은 "머리카락이 없으니 머리 손질할 일도 없고 편해서 좋겠다."고 말했지만 그것은 위로의 말에 불과했다. 사람들은 돌아서면 "대머리가 거울처럼 반짝거린다."는 둥 우스갯소리로 놀려댔다.

대머리가 사람들의 놀림감이 되는 것도 기분 나쁘지만 그를 더욱 괴롭힌 것은 대머리 자체였다. 머리털이 없으니 여름에는 덥고 겨울에는 추웠다. 또 모기나 벌레가 덤벼들어 물었다.

이렇게 밤낮으로 괴로움을 당하던 그는 어느 날 용한 의사가 있다기에 찾아갔다.

"선생님, 저는 머리에 털이 하나도 없어서 여러 가지로 고통받고 있습니다. 제발 좀 저를 치료해 주십시오."

그런데 그 의사 또한 대머리였다. 의사는 자기가 쓰고 있던 모자를 벗으면서 사나이에게 말했다.

"손님, 사실은 나도 대머리 때문에 고생을 하고 있소. 만일 내가 그 병을 고칠 수 있다면 먼저 내 대머리부터 고쳐서 이 고통에서 벗어나고 싶소."

사나이는 할 말이 없었다.

 한때 중국에서 개발됐다는 대머리 치료약이 화제가 된 적이 있다. 당시만 해도 중국과 정식으로 수교가 되지 않은 터라 홍콩을 경유해 제3국에서 비자를 받아 중국에 들어가곤 했는데 이때 여행자들의 선물가방에 가장 많이 들어 있던 것이 대머리 치료약이었다.

소문대로 그 약을 바르고 머리털이 다시 나기 시작했다는 사람이 없지 않았다. 그러나 소문은 어디까지나 소문이어서 정말로 대머리가 치료됐다는 사람은 별로 없었다. 오히려 그 약을 바르고 머리에 피부병이 생겨 고생했다는 뒷얘기만 무성했다.

중국과 수교 후 많은 사람들이 중국을 드나들며 이 소문은 이내 사라졌다. 치료약이 효과가 있었다면 무슨 수를 써서라도 사들여 왔을 텐데 그렇지 않은 것을 보면 헛소문이었던 것이 분명하다.

그나저나 세속의 사람은 대머리가 적지 않은 고민인 모양이다. 대머리인 사람의 헤어스타일을 보면 어떻게 해서든 벗겨진 부분을 감추기 위해 안간힘을 쓴다. 하긴 외모가 그 사람의 인상을 결정하는 것인데 어떻게 고민이 안 되겠는가! 하지만 현재로서는 뾰족한 방법이 없으니 고민하는 사람을 보면 안타까운 생각만 들 뿐이다.

다만 한 가지 위안삼아 들려주고 싶은 얘기가 있다. 사람은 누구에게나 약점이 있다는 것이다. 미스 코리아는 외모에서 완벽한 것 같지만 그 자신도 어딘가에 불만이 있고 그것을 감추려 한다. 손가락이 굵다든가 어금니가 썩었다든가 하는 것이다. 요즘은 키 큰 것이 흉이 아니지만 옛날만 해도 170cm가 넘으면 멀대 같이 키만 크다고 흉을 잡힌 적도 있었다. 혹 아는가, 대머리 덕분에 좋은 일이 생길지. 이렇게 자위하는 것이 속 편하다. 그러다가 나중에 정말로 좋은 치료약이 개발되면 그때 가서 치료하면 되는 것이고, 안 되면 할 수 없지 어떻게 하겠는가!

사람의 힘으로 되지 않는 일을 가지고 원망하고 안달하면 속만 상한다. 이때는 차라리 체념이 묘약이다. 좋게 생각해야 좋아진다. 대머리도 매력이다.

옛날 이야기 속의 어부지리

아주 먼 옛날 '비서사'라는 이름의 귀신 같은 사나이 둘이 있었다. 그들은 한 개의 상자와 한 개의 지팡이 그리고 신발 한 켤레를 놓고 싸우고 있었다. 그 물건을 서로 차지하겠다는 싸움이었다.

싸움은 해가 뜨고 해가 지고 또 해가 뜰 때까지 끝나지 않았다. 한 사나이가 지나가다가 이를 보고 그 까닭을 물었다.

"이 상자와 지팡이와 신발은 보아 하니 별로 중요한 것 같지도 않은데 왜 그걸 놓고 그렇게 다투는가?"

"그런 소리 마시오. 이 상자에는 이 세상에서 가장 좋은 옷과 음식과 모든 생활도구가 들어 있고, 이 지팡이를 잡으면 어떤 원수도 모두 항복을 하는 위력을 가졌고, 저 신발을 신으면 공중으로 날아다닐 수 있는 신비한 힘을 가지고 있소. 그러니 어찌 소중하지 않겠소."

"아, 그런가? 참으로 소중한 보물이 틀림없구먼. 그러나 서로 다툰

대서야 누가 차지할 수 있겠소? 내가 그대들의 다툼을 해결해주리다."

사나이가 중재에 나서겠다는 말에 귀신 같은 사나이들은 그렇게 하라면서 상자와 지팡이와 신발을 맡겼다. 그러자 사나이는 신발을 신고 지팡이와 상자를 들고 공중으로 날아가버렸다. 귀신 같은 사나이들은 깜짝 놀랐으나 어쩔 수가 없었다. 그때 공중으로 날아오른 사나이가 그들에게 말했다.

"너희들은 섭섭하게 생각하지 말라. 서로 다투는 것을 내가 가져간다. 이제 너희들은 다투지 않게 되었다. 그러니 고맙게 생각해라."

황새와 조개가 서로 싸웠다. 둘은 서로를 꽉 물고 놓아 주지 않았다. 때마침 옆을 지나던 어부가 싸우는 황새와 조개를 동시에 포획했다. '어부지리(漁父之利)'란 고사성어의 줄거리다.

중생이 살고 있는 세간은 뜻하지 않은 일이 생겨 사건을 발전시키는 경우가 가끔 있다. 어부가 황새와 조개를 동시에 포획해 이득을 본 것이 그렇고 서로 물고 뜯고 싸우다가 포획된 황새와 조개의 신세가 그렇다. 아무도 예측하지 못한 일이 운명의 방향 자체를 바꾸어 버리는 것이다.

그러나 엄밀하게 따져보면 모든 일이 반드시 '뜻밖에' 일어나는 것은 아니다. 세상만사가 우연으로만 이루어진다면 노력이나 의지는 전혀 필요 없게 된다. 또 미리 그렇게 되도록 예정된 운명이 있다 해도 마찬가지다. 인생을 우연이나 운명의 장난으로 돌리는 것은 무책임한 일이다.

어떤 뜻밖의 사건도 미연의 방지가 전혀 불가능한 것은 아니다. 황새와 조개가 싸우지만 않았다면, 또 '비서사'라는 이름의 귀신 같은 사나이들이 다투지만 않았다면 그런 어처구니없는 일은 생기지 않았을 것이다. 내가 다 갖겠다고 욕심을 부릴 것이 아니라 타협과 조정으로 반씩 나누는 방법도 있다. 인생의 묘미는 여기에 있다.

세상에는 다툴 일이 얼마나 많은가! 어쩌면 서로 차지하겠다고 아우성치는 모습이야말로 숨김없는 인생의 진상(眞相)인지도 모른다. 하지만 만인이 만인에 대해 적으로 생각할 때 투쟁은 그치지 않는다. 그 투쟁 사이를 교묘하게 비집고 들어와 실리를 챙기는 부류가 있다.

이런 실패의 경험이 만들어낸 것이 타협과 조정이다. 서로 대통령이 되겠다고 나서면 둘 다 되기 어렵다. 그래서 만들어진 제도가 선거다. 누가 더 많은 지지를 얻느냐에 따라 결정하자는 것이다.

브레이크가 고장난 열차처럼 마주보고 달리면 충돌과 파괴뿐이다. 이때 슬쩍 제3의 길, 타협의 길을 찾는 것이 지혜다. 타협을 반드시 변절이나 굴종이라고 생각할 필요는 없다. 타협 없는 삶 자체가 불가능하다는 점을 인식해야 한다.

비단으로 덮은 낙타 가죽

비단을 파는 장사꾼이 있었다. 낙타에 짐을 싣고 먼 나라에 가서 물건을 파는 무역상이었다.

어느 때인가 그는 하인들을 데리고 장사를 떠났는데 도중에 낙타 한 마리가 죽었다. 그 낙타는 많은 비단과 보물, 잡화를 싣고 있었으므로 입장이 매우 난처했다.

주인은 하인들에게 낙타 가죽을 벗기고 나머지는 버리게 한 뒤 당부했다.

"낙타 가죽을 잘 보살펴서 젖거나 썩게 하지 말라."

그런데 얼마 뒤 갑자기 비가 쏟아졌다. 하인들은 주인이 낙타 가죽이 젖거나 썩게 하지 말라고 당부한 터라 비단을 꺼내 낙타 가죽을 덮었다. 이로 인해 값비싼 비단은 모두 썩어 못 쓰게 되었다.

"이 고지식한 사람들아! 낙타 가죽과 비단 중 어느 것이 더 비싸고 소중한가? 내가 언제 비단으로 낙타 가죽을 덮으라고 했단 말인가? 비단으로 낙타 가죽을 덮어서 비싼 비단이 영영 못 쓰게 되지 않았는가?"

주인은 너무나 어처구니 없어 깊은 한숨을 쉬면서 망연자실했으나 이미 소용없는 일이었다.

 고지식한 것이 미덕일 때도 있지만 악덕일 때도 있다. 고지식한 것이 미덕일 때는 순수하고 정직할 때다. 세상이 온통 위선과 부도덕으로 물들고 변절이 득세할 때, 하나만을 향한 일편단심과 답답할 정도의 고지식은 차라리 하나의 감동을 안겨준다. 권세나 재물을 따라 철새처럼 움직이는 사람보다는 지조와 신념을 지키기 위해 한눈팔지 않는 사람의 모습은 얼마나 아름다운가!

반대로 고지식이 악덕이 될 때도 있다. 무엇이 소중하고 올바른 것인지를 판단하지 못하는 경우다. 어려서부터 수저는 오른손으로 잡아야 한다고 배웠다고 해서 오른손이 다쳤는데도 오른손을 쓰려고 한다면 그것은 모자란 행동이다. 신사의 품위에 손상이 간다고 위급한 지경의 사람을 두고 피해버리는 것은 비겁한 행동이다.

예로부터 남산골 샌님은 고지식하기로 유명했다. 그는 선비의 지조를 지키느라 처자가 굶어도 땅을 파거나 품을 팔지 않았다. 남산골 샌님의 기준으로 보면 그런 행동이 자랑스러울지 모른다. 그러나 이런 고지식이야말로 주인의 지시를 충실히 따른다고 비단을 꺼내 낙타 가죽을 덮는 것과 무엇이 다르겠는가? 무엇이 더 소중한지를 모르는 사람은 평생 고생문을 빠져 나올 수 없다. 그런 사람과 같이 사는 사람은 죄도 없이 같은 고생을 하게 된다.

넷째 마디

형제란 얼마나 소중한 사이인가!
한 부모의 뱃속에서 나온 것만 해도 지중한 인연인데,
자라면서는 또 얼마나 가까웠는가! 형은 동생이 있어서 외롭지 않았고
동생은 형이 있어서 든든했다. 수많은 낮과 밤을 같이 새우면서
미운 정 고운 정이 다 든 사이가 아닌가!
'형제'처럼 다정한 말도 없다. 형제란 말은 그리움이고 사랑이다.
그리움과 사랑은 소중히 간직할수록 소중한 것이다.

_ 스승님 다리 부러뜨리기 중에서

큰 노력 작은 결실

한 사나이가 있었다. 그는 어떤 일을 하든지 매우 열심이었다.

어느 날 그는 자신의 능력을 남에게 과시할 방법이 없을까를 생각하다가 큰 돌을 갈아 장난감 소를 만들기로 했다.

'내가 돌을 갈아 소를 만들어 놓으면 사람들이 깜짝 놀라겠지?'

그날부터 그는 부지런히 돌을 갈아 장난감 소를 만들었다. 거의 침식을 잊을 정도로 열심이었다. 사람들은 그의 집념에 혀를 내둘렀다. 그러나 오랜 세월 동안 힘든 노력 끝에 그가 완성시킨 것은 보잘것 없는 장난감 소였다.

사람들은 그 소를 보고 놀라워하기는커녕 "힘든 고생과 노력 끝에 겨우 이런 것을 만들었다."고 말했다. 사람들의 얼굴에는 장하다는 칭찬보다 어리석다는 비웃음이 담겨 있었다.

최선을 다하는 것은 매우 훌륭한
일이다. 부지런하고 성실한 것은 칭찬받아야 한다. 사람이 도모하
는 일 가운데 성실하고 최선을 다하지 않아 실패하는 일이 얼마나
많은가! '실패의 절반은 나태에 원인이 있다'는 영국 격언처럼 우리
가 경계해야 할 것은 불성실과 나태다. 어떤 일이든 최선을 다하고
성의를 다하면 반드시 그만한 성과가 따르게 마련이다.

그러나 성실과 최선이 훌륭한 것이기는 하지만, 어떤 일에 최선
을 다하고 성실하느냐가 더욱 중요하다. 쓸데없는 부분에 열성을
다한다면 노력에 비해 얻는 결과가 시원찮기 때문이다.

예를 들어 어떤 사람이 도박 기술을 배우는 데 평생을 바쳐 마
침내 달인(達人)의 경지에 올랐다고 하자. 그동안 그가 겪었을 신고
(辛苦)의 과정을 생각하면 눈물겹다는 표현으론 부족할 것이다. 그런
과정이 없으면 누구도 달인의 경지에 이를 수 없다.

그러나 그렇게 해서 달인의 경지에 올랐으면 무엇하는가? 그 기
술이란 이웃이나 자신을 위해 백해무익한 것이다. 그것은 사람을
파멸로 이끄는 기술이지 행복으로 이끄는 기술이 아니다.

이와는 달리 어떤 사람이 각고의 노력 끝에 암이나 에이즈(AIDS)
같은 난치병을 고칠 수 있는 백신을 개발했다고 하면 어떻겠는가?
그에게는 노벨의학상의 영광이 돌아가야 마땅하다. 똑같은 10년 노
력이라 하더라도 인류에 기여하고 세상을 밝게 하기 위한 10년과
인류를 파멸케 하고 세상을 어둡게 하기 위한 10년은 그 결과의 질
이 엄청나게 다르다.

요즘 사람들이 좋아하는 것 가운데 컴퓨터가 있다. 어떤 사람은

심혈을 기울여 좋은 프로그램을 개발하는데, 또 어떤 사람은 파괴 프로그램(바이러스) 개발에 날밤을 샌다. 누구의 노력이 더 훌륭한지는 대답이 필요 없다.

노력에 비해 공이 나타나지 않는 그런 일에서는 빨리 손을 떼는 것이 좋다. '파괴 프로그램의 왕'이 된들 무어 그리 대단하겠는가!

떡 반 개 먹고 배부른 사람

어떤 사람이 배가 몹시 고팠다. 다행히 일곱 개의 떡을 구해 허겁지겁 먹었다. 그 떡은 조금 크게 빚은 것이어서 여섯 개 반을 먹자 벌써 배가 불렀다.

'내가 지금 배가 부른 것은 이 반 개의 떡 때문이다. 앞에 먹은 여섯 개는 공연히 먹은 것이다. 진작 반 개만 먹어도 배가 부른 줄 알았더라면 여섯 개를 다 먹을 것이 아니라 반 개를 먼저 먹었을 것을……'

그는 스스로 자기가 어리석어서 그렇다고 부끄러워하면서 화를 냈다.

　　　　　　　　　　　　　　　　　　사람들은 가끔 부모나 스승의 은혜를 잊고 지내는 수가 많다. 잊어버린다기보다 잊어버리려고 한다. 부모나 스승의 은혜를 자주 생각하다 보면 왠지 부담이 되고 귀찮아지기 때문이다.

　잊어버리는 것도 습관화하다 보면 나중에는 정말로 까맣게 잊어버린다. 그리하여 평생을 불효자, 배은망덕자로 살아간다. 과장이 아니라 그런 사람이 얼마든지 많다. 늙은 부모를 양로원에 내팽개치듯 맡겨버리는 자식들 이야기가 심심찮게 들려온다. 심지어는 제주도나 해외 여행을 시켜드린다고 모시고 나갔다가 기로(棄老)를 하는 짐승만도 못한 자식도 있다고 한다.

　그러나 생각해 보면 오늘의 '나'는 하늘에서 갑자기 떨어져서 자란 것이 아니다. 지금 그렇게 사는 것이 다 나 잘나서 그런 줄 알지만 천만의 말씀이다. 부모님이 똥기저귀 갈아주며 불면 날아갈까 쥐면 꺼질까 애지중지 키워주지 않았다면 오늘의 내가 있을 수 없다. 선생님이 회초리 들고 잘못을 타이르고 글을 가르치지 않았다면 까막눈 신세를 면하지 못했을 것이다. 실로 오늘의 나는 그런 공(功)으로 키워진 존재다. 결코 처음부터 박사로 태어나고 사장이나 장관으로 태어난 존재가 아니다.

　그럼에도 불구하고 사람들은 그 공을 까맣게 모른다. 설사 안다고 해도 애써 잊어버리려고 한다. 짐승도 자기를 낳아준 부모는 알아보는 법인데 하물며 사람의 탈을 쓰고 그 은혜를 잊거나 애써 외면하려 한다면 이를 어찌 사람이라 할 수 있겠는가!

　사람들은 변명하려고 한다. '잊고 있는 것이 아니라 사는 데 바빠서 챙기지 못했을 뿐'이라고 말한다. 하지만 부모나 스승이 자식과 제자를 키울 때 바쁘다는 핑계로 소홀한 적이 있는가? 그분들은 당신 입으로 들어가는 밥숟가락을 뽑아서 자식의 입에 넣어주었다. 당신들은 헐벗어도 자식만은 남부럽지 않게 키우려고 언 손 불어가며 일했다. 그런 사랑과 정성으로 오늘의 내가 있고 아내와 남편, 자식이 있다. 나의 사회적 성공도 그 은혜를 발판으로 하고 있다.

일곱 개의 떡을 놓고 여섯 개를 먹지 않았다면 반 개로는 도저히 배가 부를 수 없다. 우화의 주인공은 바보 천치니까 그렇다 치고, 허우대 멀쩡한 사람으로 그렇게는 생각할 수 없는 일이다.

나에게 여섯 개의 떡이 되어준 사람들, 그분들의 아름다운 희생을 잊어서는 안 될 것이다.

보물은 놔두고 문만 지킨 하인

주인이 멀리 외출을 하면서 하인에게 문단속을 당부했다.

"항상 창고 문을 잘 지켜야 한다. 나귀도 잘 살피고, 밧줄을 풀어 놓아서도 안 된다."

주인이 외출을 한 지 얼마 되지 않아 이웃집에서 풍악놀이가 열렸다. 하인은 그것이 보고 싶어 견딜 수가 없었다. 그래서 하인은 꾀를 내어 문짝을 뜯어서 나귀 등에 싣고 밧줄로 단단히 묶었다. 그리고 나귀를 몰고 이웃집으로 가서 풍악놀이를 즐겼다.

집 지키는 사람이 밖으로 나가자 도둑이 들었다. 도둑은 문짝마저 떨어져 나간 창고에 들어가 값진 보물을 몽땅 훔쳐서 달아났다.

주인이 집에 돌아와 보니 난장판이었다.

"도대체 어떻게 집을 지켰기에 이 모양이냐?"

"어르신께서 외출을 하면서 문과 나귀와 밧줄을 잘 지키라고 하시지 않았습니까? 저는 분부대로 그것만을 지켰을 뿐입니다. 그 밖에는 잘 모르겠습니다."

하인의 천연덕스러운 대답을 듣고 주인은 기가 막혔다.

"내가 너에게 문을 지키라고 한 것은 그 속에 있는 재물을 지키기 위함인데, 재물을 모두 잃어버렸으니 문짝이 무슨 소용인가?"

 직장생활을 하는 사람을 크게 분류하면 능동형과 수동형으로 나눌 수 있다. 능동형은 모든 일에 적극적이고 열심이다. 일을 하다가 막히는 데가 있으면 어떻게 하든지 그것을 극복해내려고 한다. 능동형은 이런 데서 일종의 쾌감까지 느낀다. 이에 반해 수동형은 매사에 소극적이고 왜소하다. 일을 즐기기보다는 도살장에 끌려가는 소처럼 억지로 한다. 그러다 보니 성과도 별로 나지 않는다.

이렇게 능동형과 수동형이 다른 것을 성격 차이로 설명하는 사람이 있다. 그러나 성격이란 것도 선천적인 요인보다는 성장과정이나 환경에 의해 형성되는 측면이 강하다. 성격도 외재적 환경과 내재적 조건을 바꾸면 얼마든지 변화가 가능한 것이다. 문제는 성격을 어떻게 바꿀 것이냐 하는 것이지 모든 원인을 성격으로 돌리는 것은 적절하지 못하다.

그렇다면 수동적이고 소극적인 사람을 능동적이고 적극적인 방향으로 바꾸는 방법은 무엇일까?

인간의 모든 행위는 본능 못지않게 의지가 중요하다. 못할 것이라고 전제하면 할 일도 못하지만, 할 수 있다고 믿으면 못할 일도 해낸다. 따라서 해낼 수 있다는 자신감, 해야 한다는 동기부여가 무엇보다 중요하다. 왜 그 일을 해야 하는지, 하지 않으면 안 되는지를 충분히 인식시키면 죽은 송장도 일어나 움직이게 할 수 있다.

공부는 왜 해야 하는지, 일은 왜 해야 하는지, 마당은 왜 쓸어야 하는지에 대한 분명한 이유가 있을 때 사람은 변한다. 직장이나 가정에서 누구에게 일을 시킬 때는 그 일을 왜 해야 하는지를 반드시 설명해줘야 한다. 왜 해야 하는지를 설명하지 않고 어떻게 해야 하는지만 설명할 때 일하는 사람은 수동적이고 소극적인 태도를 취하게 된다.

출가해서 수도 생활을 하는 사람들을 보면 이 점은 보다 분명해진다. 똑같이 집을 나와 머리를 깎고 부처님에게 귀의했는데도 어떤 사람은 아주 진실하게 수도 생활을 하고 어떤 사람은 말썽만 일으키는 '땡초'가 된다. 그 이유는 간단하다. 진실하게 수도 생활을 하는 사람은 그 이유가 분명하다. 그래서 어떻게 해야 할지를 말하지 않아도 잘 알아서 한다. 반대로 땡초는 왜 수도 생활을 하는지 그 이유가 분명치 않다. 그러다 보니 어떻게 해야 한다는 것이 도무지 절실하지 않다. 새벽에 일어나 예불(禮佛)을 올리고, 청정한 계율을 지키는 일이 도무지 귀찮기만 하다. 자기의 삶에 동기부여가 되어 있지 않기 때문이다.

인생을 살아가는 방법에도 여러 가지가 있다. 능동적이고 적극적으로 살아서 성공을 거둘 수도 있고 수동적이고 소극적으로 살아서 실패할 수도 있다. 수동적이고 소극적인 사람은 항상 남의 밑에서 시키는 일이나 하고, 야단이나 맞게 마련이다. 평생 종살이를 할 수밖에 없다.

　노예의 삶을 벗어나 주인의 삶을 살고자 하는 사람은 능동적이고 적극적이어야 할 이유를 가져야 한다. 왜 그래야 하는지를 알게 될 때 우리의 삶은 전혀 새로운 방향으로 전개된다. 주인이 문짝을 지키라는 이유가 무엇인지를 헤아릴 때, 그리고 왜 문짝을 지켜야 하는지를 충분히 설명해준다면 문짝을 떼서 나귀 등에 싣고 놀러가는 일은 일어나지 않을 것이다.

세상에 둘도 없는 거짓말

어떤 마을 사람들이 남의 소를 훔쳐다가 잡아먹었다. 소를 잃은 사람이 그 흔적을 찾아 마을까지 와서 한 사람을 붙들고 물었다.

"당신은 이 마을에 살지요? 혹시 소 한 마리 보지 못했습니까?"

"나에게는 마을이 없습니다."

그는 얼굴색도 변하지 않은 채 시치미를 뗐다.

"이 마을 한복판으로 냇물이 흐르고 있는데, 거기에 가 보니 소를 잡은 흔적이 있더군요. 거기서 고기를 나누어 먹지 않았습니까?"

"우리 마을에는 시냇물이 없습니다."

"뭐라고요? 시냇가에는 불을 지피다 남은 나무가 있던데."

"우리 마을에는 나무가 없습니다."

"여보시오. 시냇물은 여기서 보면 동쪽에 있지 않소? 그 동쪽으로 소를 몰고 가지 않았소?"

"우리 마을에는 동쪽이 없습니다."

"허참, 당신들이 소를 훔쳐 올 때가 한낮이었다고 말하는 사람이 있는대도?"

"우리 마을에는 한낮이 없습니다."

"비록 당신이 마을도 없고 시냇물도 없고 나무도 없다고 하지만 어찌 천하에 동쪽이 없고 한낮이 없을 수 있겠소. 당신이 하는 말은 모두 거짓말이고 믿을 수가 없소. 그러나 아무리 당신이 거짓말을 한다 해도 소를 훔쳐서 잡아먹은 것만은 분명한 사실이오."

소를 잃은 사람이 그의 눈을 똑바로 쳐다보며 말했다. 그러자 그도 사실 자체는 속일 수가 없었다.

"사실은 소를 훔쳐서 잡아먹었습니다. 용서해 주십시오."

 거짓말이란 눈덩이와 같은 것이다. 처음에는 아주 작고 사소한 거짓말이 나중에는 불고 불어서 집채만한 거짓말이 된다. 거짓말이 이렇게 자꾸 불어나는 것은 거짓을 진실로 위장하려는 거짓말 자체의 논리구조 때문이다. 진실은 많은 말이 필요 없다. 눈빛만 보아도 그것이 진실인지 아닌지 쉽게 판명이 난다. 그러나 거짓은 그것이 거짓이기 때문에 더 많은 또 다른 거짓말을 필요로 한다. 서울을 가지 않고도 갔다 왔다고 거짓말을 하려면 서울 가서 보지 않았던 것도 보았다고 말해야 한다. 그러다가 그것이 탄로 날 것 같으면 또 다른 거짓말로 진실을 위장해야 한다. 이렇게 하다 보면 거짓말은 끝이 없다. 옛 사람들이 '거짓말도 자꾸 하면 는다'고 한 것은 사실이다.

거짓말을 멈추고 정직해지려면 양심(兩心)이 아닌 양심(良心)의 소리에 귀 기울여야 한다. 양심(兩心)은 필요에 따라 이 말도 하고 저 말도 하게 하지만 양심(良心)은 오직 한 가지 말밖에 시킬 줄 모른다. 정직하고 진실된 말만이 양심(良心)의 소리에 귀 기울인 말이다.

적당한 거짓말이 상식처럼 통하는 세상에 '양심의 소리' 운운하는 것은 공자님 잠꼬대 같은 말이라고 할지도 모르겠다. 하지만 공자님 잠꼬대 같은 말이 옳은 말이다. 거짓말하다가 발설지옥(拔舌地獄)에 가서 혓바닥을 뽑혀 갈기갈기 찢기는 고통을 당하는 것보다 진실된 말을 하는 것이 낫지 않은가!

꽃을 훔치려던 사나이의 실수

그 나라의 풍습은 매우 아름다웠다. 명절이 되면 젊은 여자들은 머리에 우담바라 꽃으로 장식을 했다. 젊은 여자들은 이 꽃으로 장식된 화관을 쓰는 것이 큰 기쁨이었다.

어떤 가난한 사람의 아내도 명절이 되면 이 화관을 쓰고 싶어 했다. 그녀는 명절을 앞두고 남편에게 말했다.

"당신은 정말로 저를 사랑하나요? 사랑하신다면 명절날 저에게 우담바라 꽃으로 장식된 화관을 씌워주세요. 사랑하지 않는다면 화관을 씌워주지 않아도 돼요. 그러나 당신이 저를 사랑하지 않는다면 저는 당신 곁을 떠나겠어요."

사나이는 난감했다. 아내를 사랑하는 마음은 누구보다 열렬하지만, 아내가 원하는 귀한 우담바라 꽃을 구할 능력이 그에게는 없었다. 그러나 어쩌는가, 아내가 그토록 소원하는 것을. 그는 아내를 위해 궁중의 연못에 만개한 우담바라 꽃을 훔치기로 했다.

그는 다행히 한 가지 재주가 있었다. 원앙새 울음소리를 흉내 내는 것이었다. 그는 새소리를 흉내 내면서 연못가에 접근해 꽃을 훔쳤다. 그때 연못을 지키는 병사가 순찰을 나왔다가 물었다.

"너는 누구냐?"

"나는 원앙새다."

"뭐라고? 말하는 원앙새도 있느냐?"

그는 순찰병사에게 잡혀서 끌려가는 신세가 되었다. 그는 끌려가면서 다시 원앙새 울음소리를 냈다. 원앙새를 가장하기 위해서였다. 그 소리를 듣던 병사가 말했다.

"이 사람아, 원앙새 울음소리를 흉내 내려면 아까 내가 '누구냐'고 했을 때 내야지, 잡혀가면서 원앙새 흉내를 내면 뭣하나."

 모든 일에는 때가 있다. 때를 놓치면 아무리 좋은 일도 허사다. 공부는 젊었을 때 해야 한다. 아직 부모에 의지해 살고 있으므로 의식주를 걱정하지 않아도 된다. 이때 인생의 미래를 준비해야 한다. 젊은 시절의 공부는 평생을 살아가는 밑천이다. 기술을 배우는 것도 젊었을 때 하는 것이 좋다. 그래야 성년이 되어서 자기의 인생을 책임질 수 있다.

결혼도 때를 놓치지 말아야 한다. 노처녀, 노총각은 나중에 결혼하려 해도 조건이 맞지 않아 포기하거나 거절당하는 수가 많다.

물론 시기가 지났다고 공부를 못하고 기술을 못 배우고 결혼을 못하는 것은 아니다. 하고자 하면 얼마든지 할 수도 있다. 하지만 때를 놓친 공부는 그만큼 어렵다. 나이가 들어 공부하기가 얼마나 어려운가! 결혼도 마찬가지다. 40세가 넘어 결혼을 한다면 언제 자식 낳아 공부시키고 짝지워줄 수 있겠는가!

　모든 일에 시기를 놓치면 그만큼 어려움이 많다는 얘기다.

　버스 떠난 뒤에 손들어 봐야 아무 소용없다. 잠시 한눈을 팔거나 실수를 방치하면 시기를 놓친다. 한때의 실수나 한눈팔이가 평생 후회로 연결되지 않도록 조심할 일이다.

여우의 오해

여우 한 마리가 나무 밑에서 쉬고 있었다. 그런데 갑자기 바람이 불어서 나뭇가지가 부러져 여우 등에 떨어졌다. 여우는 깜짝 놀라 어떻게 된 일인지 알아볼 여유도 없이 멀리 도망을 쳤다.

한참을 도망치다 보니 날이 저물었다. 여우는 몹시 피곤했다. 목도 말랐다. 그제서야 허리를 펴고 사방을 둘러보았다. 어디선가 시원한 한 줄기 바람이 불어왔다. 그 바람으로 인해 나뭇가지가 가볍게 흔들렸다. 그것은 마치 여우에게 어서 오라고 손짓하는 것 같았다. 여우는 혼자 생각했다.

'나를 나무 밑으로 오라고 부르는 것이로구나.'

여우는 다시 나무 밑으로 돌아갔다.

어리석어서 생각이 모자란 사람
은 언제나 사태를 멋대로 판단하려고 한다. 공부하기 싫은데 공부
하라는 말을 들으면 공연히 자기를 괴롭히려 한다고 원망한다. 일
하기 싫은데 일하라고 하면 저 사람은 나를 미워한다고 원망하려
한다.

이런 식의 오해가 발생하면 끝이 없다. 젊은 사람이 같이 걸어가
기만 해도 서로 연애한다고 수근거린다. 혹시 누가 말없이 앉아 있
으면 이쪽에서는 별별 오해를 다 한다.

이렇게 오해를 자주 하는 사람은 항상 자기의 좁은 소견으로 보
기 때문에 사태를 정확히 보지 못한다. 누가 조금만 웃으면 자기를
좋아해서 그러는 줄 안다. 젊은 여자와 나이 든 중년이 걸어가면
무조건 부녀지간(父女之間)으로 본다.

그러나 이렇게 보든 저렇게 보든 사태의 객관성과 사실성을 외
면하고 무시하면 오해만 생길 뿐이다. 구체적인 현장을 확인하지
않고 이러쿵저러쿵하는 것은 좋은 버릇이 아니다.

오해를 줄이고 그릇된 판단을 하지 않기 위해서는 조금 느긋하
고 침착할 필요가 있다. '호랑이에게 물려가도 정신만 차리면 산다'
는 속담처럼 현재의 상황이 어디까지 와 있는지를 분명하게 인식하
면 경거망동하여 실수를 저지르지 않는다.

어떤 젊은이들이 다정히 걸어간다고 해서 무조건 '저들은 연인
사이'라고 생각하는 것처럼 짧은 소견도 없다. 그들이 오누이거나
사촌지간이면 어찌하겠는가? 나이든 남자와 젊은 여자가 걸어간다
고 부녀지간이라고 볼 필요도 없다. 때로는 불륜 관계일 수도 있다.

구체적이고 객관적 사실을 확인하지 않고 멋대로 생각하는 것은 고의는 아니라 할지라도 죄악이다. 공연히 그런 오해의 소용돌이에 말려들어 고통스러워하는 사람도 생각해 줘야 한다.

정강이를 보면 허벅지 보았다는 식으로 과장해서 생각하는 버릇은 사실 누구나 다 가지고 있다. 그 버릇을 고치지 않는 한 교양 있는 사람이라는 소리를 듣기는 힘들다. 교양이란 매사에 침착하고 호들갑을 떨지 않는 것과 통한다.

들어도 어리둥절한 대답

두 어린이가 냇물에 들어가 멱을 감고 놀다가 물 밑에서 털(毛) 한 줌을 발견했다. 두 어린이는 이 털이 어떤 털인지에 대해 언쟁을 하기 시작했다.

"아무리 보아도 이건 신선의 수염이 분명해. 이렇게 보드랍고 멋있는 털은 신선이 아니면 기를 수 없어."

"신선은 무슨 신선. 내가 보기에는 곰의 털이야. 보기에만 그렇지 만져보면 꺼끌꺼끌하잖아."

"아니야, 아무래도 신선의 수염이야."

"아니야, 곰의 털이야."

"신선의 수염이 맞다니까!"

"아니야, 아무리 봐도 곰의 털이야."

두 어린이의 다툼은 그칠 줄 몰랐다.

마침 그때 강가에는 어떤 선인(仙人)이 살고 있었다. 그는 늘 사람들에게 세상일에 모두 달통한 것처럼 행세해 왔었다. 어린이들은 그를 찾아가서 의심나는 것을 해결해 달라고 했다.

선인은 어린이들의 질문을 받고 보따리에서 쌀과 깨를 꺼내 입에 털어 넣었다. 그리고 그것을 꼭꼭 씹다가 다시 손바닥에 뱉어 놓고 아이들에게 말했다.

"지금 내 손바닥에 놓인 것은 공작의 똥과 같다."

"……?"

아이들은 선인의 대답이 무슨 말인 줄 몰라 어리둥절했다.

 요즘도 그렇지만 고대 인도에는 없는 것이 없다고 할 만큼 많은 종교와 철학 사상이 있었다. 어떤 서양학자는 "인도는 세계적 종교와 철학 사상의 백화점이었다."고 말했을 정도다.

불교의 경전을 보면 대표적인 종교 사상가로 '육사외도(六師外道)'가 있다. 육사외도란 불교 이외의 종교로 큰 세력을 형성하고 있는 것이 여섯 가지가 있었다는 뜻이다. 이 밖에도 경전에는 '62사견(邪見)'이란 말도 나오는데 이는 삿된 소견을 가진 종교와 철학 사상의 종류가 62종이나 되었다는 뜻이다. 이는 작으나마 하나의 세력을 형성하고 있는 것만을 헤아린 숫자다. 세력 형성을 못한 군소 종교까지 포함하면 훨씬 더 많았을 것이 틀림없다.

이런 많은 종교 가운데는 별의별 종교가 다 있었다. 벌거벗은 채 개처럼 땅을 기어다니며 입으로 음식을 먹을 것을 주장하는 종교도 있었고 쾌락주의·고행주의를 표방하는 종교도 있었다. 또 인간의 경험으로는 알 수 없는 신의 세계를 주장하거나 내세를 위해 현세의 희생을 요구하는 종교, 무슨 말인지 알 수 없는 주문을 외우는 종교, 너도 모르고 나도 모르는 불가지론(不可知論), 결론을 회피하는 회의론(懷疑論) 등 그야말로 각양각색이었다.

인도의 수많은 종교 가운데 세계화된 종교는 오직 불교뿐이다. 이는 불교의 교리가 누구나 인정할 수 있는 합리성과 보편성, 그리고 당위성을 가졌기 때문이었다. 특별히 이상한 주장을 내세우지 않고 조용히 인간의 이성에 호소했다. 20세기 최고의 지성인 토인비가 "세계 4대 종교 가운데 가장 뛰어난 포용력을 가진 종교는 불교"라고 평가한 것은 주목할 만한 발언이다.

오늘도 우리는 수많은 종교를 만난다. 이들은 서로가 자기 종교의 교리가 진리이고, 우월하다고 말한다. 이런 상황에서 어떤 종교를 선택해야 할지 범속한 사람은 어리둥절해진다. 과연 올바른 종교 선택의 기준은 무엇인가?

매우 막연할지 모르지만 한 가지 기준을 말한다면 '근거 없고 실없는 빈말을 하지 않는' 종교라야 한다는 것이다. 아무리 진리임을 주장한다 하더라도 인간의 이성으로 도달할 수 없는 세계를 마치 경험적 세계인 것처럼 말하는 것은 모두 실없는 빈말이다. 하늘나라가 어떻고 심판이 어떻고 하는 것이 여기에 해당한다. 또 현세구복을 위해 제물을 바치라고 한다든가, 건전한 사회윤리를 알쏭달

쏯한 논리로 부정하는 것도 실없는 빈말이다.

세상에는 우화 속에 나오는 선인(仙人)과 같은 종교인이 많다. 거기에 속하지 않으려면 스스로 정신 똑바로 차려야 한다.

병 고치다가 사람 죽인 의사

어떤 꼽추가 있었다. 보기에도 안 좋을 뿐더러 무엇보다 생활하는 데 불편해서 견딜 수가 없었다. 그는 용하다는 의사는 모두 찾아가서 꼽추병을 고쳐 보려고 온갖 치료를 받았다. 하지만 허사였다. 그는 절망했다.

그러던 차에 또 한 사람의 의사를 만났다. 꼽추는 자신의 병을 고칠 수 있겠느냐고 물었다.

"문제없소. 다른 의사들은 치료법을 몰라 고치지 못했을 뿐이오."

"정말 자신 있소?"

꼽추는 희망에 들떠 재차 확인했다.

"물론이오. 내가 하자는 대로만 하면 틀림없이 고칠 수 있소."

꼽추는 마지막 기대를 걸고 그에게 모든 치료를 맡겼다.

그 의사의 치료 방법은 좀 독특했다. 환자의 웃옷을 벗기고 꼽추의 혹이 나온 부분에 무슨 성분인지 알 수 없는 기름을 발랐다. 그런 다음 바닥에 널빤지를 깔고 환자를 그 위에 엎드리게 했다. 그리고 그 위에 다시 널빤지를 올려놓았다. 준비가 끝난 의사는 그 널빤지 위에 올라가 펄쩍 뛰었다가 있는 힘을 다해 환자를 내려 밟았다. 꼽추는 등뼈가 부서지면서 두 눈알이 튀어나왔다. 그는 비명을 지르며 죽었다.

그 의사는 돌팔이였다.

 현대의 의술(醫術)은 과학기술의 발달에 힘입어 놀라운 발전을 이룩했다. 이제 어지간한 병은 현대의학에 의해 치료가 가능하다. 물론 환자와 가족들을 안타깝게 하는 난치병도 여전히 많다. 그러나 과거에 비하면 치료율은 비교가 되지 않을 만큼 높아졌다.

병에 걸려 치료를 받아본 사람은 알겠지만, 세상에 의사처럼 소중한 존재도 없다. 의사가 없어서 치료받지 못하는 상황을 생각하면 끔찍할 정도다.

의술은 단순한 기술이 아니다. 의술은 사람의 목숨을 살리는 기술이다. 예로부터 '의술(醫術)은 인술(仁術)'이라고 말해 온 것은 사람의 목숨을 살려내는 기술이기 때문이다. 의사들이 다른 사람들보다 특별히 우대받는 것도 이런 이유에서다.

그러나 의사들 가운데는 '의술은 인술'이라는 사실을 망각하는 사람이 없지 않다. 그들은 환자를 오직 돈벌이 대상으로 간주한다. 아무리 급한 환자라도 치료비가 없어 보이면 문전박대를 한다. 조금만 빨리 손을 썼으면 살 수 있는 사람을 죽게 하는 일도 있다. 이는 고의가 아니라 해도 간접살인이나 다름없는 행위다.

의사들의 비윤리적 행위는 이것 말고도 또 있다. 나이가 들어 의료 행위를 할 수 없는 의사들이 돈 받고 면허증을 빌려주는 행위다. 자격 없는 돌팔이에게 면허증을 빌려주고 그 대가로 금전을 챙기는 것이다. 그러나 돈을 주고 면허증을 빌린 돌팔이가 제대로 치료를 해줄 수 있을 리가 만무하다. 그러다 보니 의료사고가 심심치 않게 발생한다.

의료사고는 아무리 작은 사고라도 치명적이다. 잘못하다가는 목숨을 앗아간다. 다행히 목숨은 건졌다 하더라도 치료가 불가능할 정도로 상태를 악화시킨다.

돌팔이 의사한테 성형수술을 잘못 받아 얼굴을 망가뜨렸다느니, 치과 치료를 잘못 받아 어쨌다느니 하는 얘기를 듣노라면 세상에 어찌 그런 일이 있을 수 있을까 하는 한탄이 절로 나온다. 더욱이 그 사고의 주범이 돌팔이임이 밝혀졌을 때의 놀라움이란…….

물론 아무리 명의라도 못 고치는 병은 있게 마련이다. 모든 병을 다 고칠 수 있다면 죽을 사람이 어디 있겠는가? 최선을 다했는데도 결과가 나쁘다면 어쩔 수 없는 일이다. 다만 최선을 다하는 척 흉내만 냈거나, 의술을 과신한 나머지 실수를 했거나, 또는 비윤리적 행위를 했다면 이는 지탄받아 마땅하다.

신체적 불구는 말할 것도 없고 육체에 병이 들면 여간 괴로운 일이 아니다. 이는 의사도 마찬가지일 것이다. 그렇다면 의료에 종사하는 사람은 모름지기 사람들의 병고(病苦)를 덜어주는 일에 조금도 소홀함이 없어야 할 것이다.

다섯 명의 똑똑한 바보

홀아비 다섯 명이 있었다. 여자도 없이 남자 다섯이 지내려니 여간 불편하지 않았다. 그들은 머리를 맞대고 의논한 끝에 돈을 모아 여자 하인 한 사람을 고용했다.

여자하인이 들어오자 한 사나이가 먼저 귀찮은 빨래부터 맡겼다.

"이 옷을 좀 빨아라."

이를 본 또 한 사나이도 말했다.

"이 옷도 좀 빨아라."

그러자 여자하인이 말했다.

"저 아저씨의 옷을 먼저 빨게 돼 있는데요. 아저씨 옷은 그 다음에 빨면 어떻겠습니까?"

"그건 안 돼. 너를 고용하는데 우리 다섯이 똑같이 돈을 냈다."

이 말을 들은 다른 네 사나이도 똑같은 요구를 했다. 여자하인이 어쩔 줄 몰라 했다. 사나이는 화를 내면서 여자하인에게 매를 열 대 때렸다. 다른 네 명도 똑같이 열 대씩 때렸다. 여자하인은 고통을 참지 못해 기절하고 말았다.

서울의 교통난은 세계적으로 유명하다. 도로는 좁고 차는 많으니 무슨 뾰족한 대책이 없다. 서울의 교통난은 도로 확장이 차량 증가를 못 따르는 것이 원칙적인 문제지만 그밖에도 몇 가지 문제가 더 지적되고 있다. 교통전문가들에 따르면 운전자들의 나쁜 습관이 교통지옥을 가중시킨다는 것이다. 교통사정이 비슷한 뉴욕이나 도쿄보다 서울은 15% 가량 속도가 더 떨어지고 있는데, 이는 순전히 운전자들의 교통질서 무시 버릇 때문이라는 것이다.

실제로 서울 시내를 다녀보면 많은 차량이 도무지 교통질서라는 것을 모른다. 아무리 요리조리 곡예운전을 하며 끼어들기를 해도 5분 이상 빨리 갈 수 없는 것이 분명한데도 운전자들은 그것을 참지 못한다.

러시아워 때 광화문 네거리를 보면 그야말로 가관이다. 앞차의 꼬리가 길게 이어져 들어갈 수 없는 상황임에도 불구하고 무조건 머리부터 밀어 넣고 본다. 그러다가 신호가 바뀌면 이번에는 좌우의 차량들이 또 무조건 밀고 들어온다. 이렇게 되면 신호등도 아무 소용이 없다. 네거리에서 뒤엉켜 꼼짝을 못한다. 조금이라도 빨리

가려고 서두르다가 자기는 물론이고 다른 차까지 발을 묶어 놓는 것이다.

자동차 왕국으로 일컬어지는 미국을 가보면 우리와 전혀 다르다. Y자 구간의 병목지점에 들어오면 무조건 오른쪽 차 한 대 지나가고 왼쪽 차 한 대 지나간다. 왼쪽 차가 조금 거리가 두었다고 해서 오른쪽 차 두 대가 동시에 진입하는 일은 없다. 서로 양보하는 것이 가장 빠르고 안전하게 가는 방법임을 그들은 알고 있는 것이다. 그런데 서울 사람들은 왜 그러지 못하는 것일까? 미국 사람보다 머리가 나빠서일까, 바보여서 그럴까? 아니면 3등 국민이어서인가?

생활의 지혜라는 것이 별것 아니다. 양보하고 순서를 기다려야 할 때에 양보하고 순서를 기다릴 줄 아는 것, 그것이 지혜다. 이런 이치도 모른다면 그는 똑똑한 바보다.

연주료 못 받게 된 음악가

비파를 잘 다루는 악사(樂士)가 있었다. 그의 연주 솜씨는 듣는 사람의 가슴을 저리게 했다. 이 소문을 들은 왕이 그의 연주를 한 번 듣고자 원했다.

"나를 위해 비파를 연주해다오. 그러면 너에게 천 냥을 상금으로 내리리라."

악사는 왕을 위해 뛰어난 솜씨로 연주를 했다. 왕은 매우 흡족해했다. 악사가 연주를 끝내고 왕에게 약속한 천 냥을 달라고 했다. 그러나 왕은 돈을 주지 않았다. 악사가 왕에게 물었다.

"대왕이시여. 혹시 연주가 마음에 들지 않으셨는지요?"

"아니다. 아주 즐거웠다."

"그러면 왜 약속한 천 냥을 주지 않는 것입니까?"

왕은 빙글빙글 웃으며 대답했다.

"네가 연주한 음악은 단지 내 귀를 즐겁게 했을 뿐이다. 내가 너에게 돈을 주겠다고 한 것도 네 귀를 즐겁게 하기 위해서였을 뿐이다."

 웬만한 음악가의 연주회에는 이른바 '초대권'이라는 것이 적지 않게 발행된다. 초대권이란 글자 그대로 '연주회에 당신을 초대합니다'라는 메시지가 담긴 티켓이다.

연주회에 많은 사람을 초대하는 것은 당연하다. 오랜 세월 동안 갈고 닦은 솜씨를 될 수 있는 한 많은 사람 앞에 선보이고 평가를 받는다는 것이 얼마나 자랑스러운 일인가! 또 초대받은 사람도 여간 영광스러운 일이 아니다. 자기를 기억해주고 초대해준 것만도 고마운데 연주회장을 찾아가 그동안의 수고를 격려하고 좋은 음악까지 감상한다면 이 또한 좋은 일이다.

그런데 안타까운 것은 많은 사람들을 초청하는 초대권이 대체로 '무료'라는 점이다. 이 무료 초대권을 받는 사람은 대체로 사회적 지위가 높고 돈 많은 사람들이다.

그들을 초대하는 것이 나쁘다는 뜻이 아니다. 문제는 그들이 충분히 입장권을 살 수 있는 위치에 있음에도 공짜 초대장만을 바란다는 데 있다. 그들은 초대권을 받고 음악회장을 찾아가 당당하게 공짜로 입장하는 것을 큰 자랑으로 여긴다. 만일 초대받은 사람이 음악회장 입구에서 입장권을 사야 한다면 과연 몇 명이나 그곳을 찾아갈지 궁금하다.

비단 음악회뿐만 아니다. 연주회나 영화 · 무용과 같은 공연무대는 으레 무료 초대권이 관례화되어 있다. 이런 곳에 돈 내고 들어가면 왠지 어깨가 움츠러드는 것이 공연장 주변의 풍속도다.

그러나 생각해보면 이 얼마나 염치없고 무례한 일인가! 한 사람의 예술가가 피와 땀으로 마련한 공연을 넥타이 맨 신사, 하이힐 신은 숙녀가 공짜로 관람하다니 말이나 되는가! 입장권을 살 처지가 못 된다면 또 모르겠다. 행색으로 보면 입장권 10장을 사고도 남을 것 같은 신사 숙녀가 염치도 없이 공짜 관람을 하는 것은 도무지 납득이 안 가는 일이다.

입장권을 사서 공연장에 들어가는 사람이 예술을 사랑하는 몇몇 애호가만으로 국한돼서는 곤란하다. 공연장에 들어가는 사람이라면 대통령에서 어린 학생에 이르기까지 모두 입장권을 사서 들어가는 풍토가 마련돼야 한다. 그것이 세계적인 음악가나 무용가를 길러내는 지름길이다.

예술가들의 자존심을 지켜주기 위해서라도 공짜관람은 사라져야 할 악습이다. 초대권을 받았으면 한 장이라도 돈 주고 입장권을 사는 진정한 신사 숙녀만이 좋은 예술을 감상할 자격이 있다.

스승님 다리 부러뜨리기

어떤 스승이 두 명의 제자를 두었다.

그 스승은 다리에 신경통이 있어서 늘 고통을 받았다. 그래서 스승은 시간만 나면 제자들을 시켜 다리를 주무르게 했다.

그런데 두 제자는 불행히도 서로 사이가 좋지 않았다. 틈만 나면 무슨 트집이든 잡아 서로 으르렁거리며 싸웠다.

스승이 아무리 혼을 내고 타일러도 허사였다. 다른 말은 다 들어도 둘이 서로 질투하지 말고 싸우지 말라는 가르침은 듣지 않았다.

그날도 스승은 몹시 다리가 아파 두 제자를 불러 다리를 주무르게 했다. 두 제자가 한자리에 모이자 그들은 또 서로 질투하고 미워했다. 한 사람이 스승에게 잘 보여서 또 한 사람을 쫓아내기 위해 갖은 궁리를 다했다.

'옳지, 좋은 수가 있다. 저 친구가 주무르는 스승님의 다리를 부러

뜨리자. 그러면 저 친구는 스승님의 미움을 받아 쫓겨나게 되겠지.'

제자 한 사람이 이렇게 꾀를 내고 몰래 밖에 나가 큰 돌을 가져다가 스승의 다리를 내려쳐 부러뜨렸다. 그러자 다른 제자는 몹시 분해하면서 자기도 돌을 가져다가 나머지 한 쪽 다리를 부러뜨렸다. 서로에게 잘못을 떠넘기기 위함이었다.

두 제자의 미움과 질투 때문에 다리를 못 쓰게 된 스승은 둘 다 쫓아내고 말았다.

　　　　　　　　　　　형제간의 불화는 옆에서 보기에도 딱하다. 부모를 같이하고 피를 나눈 사이에 남보다 더한 미움과 원망을 품는 형제도 있다.

형제간의 불화는 대개 유산을 둘러싸고 벌어진다. 부모가 남긴 재산을 누가 더 많이 차지하느냐 하는 다툼이 의좋던 형제를 남보다 못한 사이로 갈라놓기 일쑤다. 아주 심한 경우에는 부모의 제삿날에도 모이지 않는 형제조차 있다.

모든 미움은 어느 날 갑자기 생기지 않는다. 오랜 시간을 두고 섭섭한 마음과 오해가 조금씩 쌓여가면서 나중에는 돌이킬 수 없는 상태에 이른다. 형제간의 불화가 그 전형에 속한다. 모든 형제는 처음에는 사이가 좋다. 그러다가 누군가가 공연히 심술을 부리거나 하면 한쪽도 미워하는 마음을 낸다. 성년이 될 때까지 이런 미움과 사랑의 감정이 교차하면서 증폭되다가 어떤 문제를 계기로 결정적인 파탄을 맞는다. 유산을 둘러싼 다툼도 있고, 동서들끼리의 갈등이 형제들 사이에 번지기도 한다.

그러나 다시 생각해보면 형제란 얼마나 소중한 사이인가! 한 부모의 뱃속에서 나온 것만 해도 지중한 인연인데, 자라면서는 또 얼마나 가까웠는가! 형은 동생이 있어서 외롭지 않았고 동생은 형이 있어서 든든했다. 수많은 낮과 밤을 같이 새우면서 미운 정 고운 정이 다 든 사이가 아닌가!

'형제'처럼 다정한 말도 없다. 형제란 말은 그리움이고 사랑이다. 그리움과 사랑은 소중히 간직할수록 소중한 것이다.

불구덩이에 떨어진 뱀

뱀 한 마리가 있었다. 머리가 둥글고 꼬리가 미끈한 뱀이었다.

뱀의 머리와 꼬리는 서로 협조해서 항상 먹이사냥을 했다. 꼬리가 나무토막처럼 뻣뻣하게 위장을 하고 있으면 먹이들은 아무런 의심 없이 뱀 곁으로 지나갔다. 이때 머리는 재빠르게 먹이를 잡아먹는다.

그런데 어느 날 꼬리가 가만히 생각해보니 무엇인가 좀 억울했다. 꼬리는 항상 머리에 질질 끌려가고 먹이는 항상 머리만 먹는 것이었다. 꼬리는 머리에게 이제 서로 역할을 바꾸었으면 좋겠다고 말했다.

"어이 머리, 이제는 내가 끄는 대로 가야 돼. 항상 너만 앞으로 나가고 나는 뒤따라 다니는 것은 부당해."

"왜 내가 항상 너를 끌고 다녀서 뭐 잘못된 점이라도 있냐? 지금까지 우리는 잘해 왔는데 갑자기 왜 그래?"

머리는 꼬리의 주장을 무시하고 자기가 앞으로 나가려고 했다. 화가 난 꼬리는 나뭇가지에 꼬리를 칭칭 감아버렸다.

"어디, 앞으로 나갈 테면 나가 봐라."

머리는 꼬리가 나무에 몸뚱이를 감아버리자 꼼짝할 수 없었다. 머리는 할 수 없이 꼬리가 하자는 대로 내맡길 수밖에 없었다. 그러나 얼마 가지 않아 이 뱀은 돌이킬 수 없는 불행에 빠졌다.

꼬리에는 눈이 없기 때문에 길을 잘못 들어 시뻘건 불구덩이에 떨어지고 만 것이다.

 역사가 토인비는 그의 저서 《역사의 연구》에서 매우 주목할 만한 발언을 하고 있다. 그에 의하면 "역사상 어떤 강대국이 멸망하는 과정을 보면 외적의 침략에 의해서가 아니라 내부적 붕괴에 의해서였다. 외적의 침략은 내부적 붕괴에 의해 쇠약해진 뒤에 일어나는 필연적 현상"이라는 것이다.

토인비가 지적하는 '내부적 붕괴'란 여러 가지 요인에 의해 일어난다. 도덕적 타락, 원칙의 붕괴, 부정과 부패도 중요한 원인이다. 그러나 무엇보다 간과할 수 없는 것은 국가를 구성하는 구성원들이 맡은 바 소임을 다하지 않는 현상이다. 통치자나 관료가 그에게 주어진 역할을 포기하고 그 직위를 이용해 검은 이익을 챙기고자 할 때, 그 여파는 국가 전체에 파급된다. 국민은 국민들대로 성실한 노력을 포기하고 개인적 이기주의에 매달린다. 이런 국가가 어떻게 될지 결과는 뻔하다.

직장이나 가정도 마찬가지다. 부장이 부장 노릇, 사원이 사원 노릇을 제대로 하지 않으면 그 회사는 보나마나 망한다. 가정에서도 부모와 자식이 각각 맡은 바 '노릇'을 제대로 하지 않으면 시쳇말로 콩가루 집안이 될 수밖에 없다.

세상에는 하고 싶다고 해도 할 일이 있고 안 할 일이 있다. 아무리 '왕후장상(王侯將相)의 씨가 따로 없다'고 하지만 배우는 과정의 제자가 스승을 가르칠 수 없고 자라는 과정의 자식이 부모를 훈계할수는 없지 않은가!

머리와 꼬리의 관계는 신분적 차별의 관계가 아니라 기능적 역할의 관계다. 어떤 일을 누가 하느냐에 따라 일의 성과가 달라지는 것이라면 설사 내가 하고 싶더라도 참는 것이 옳다.

이 문제와 관련해 또 한 가지 생각해볼 것은 분쟁이 일어났을 때는 어떻게 해야 하는가 하는 점이다. 머리가 꼬리 노릇을 하겠다거나 꼬리가 머리 노릇을 하겠다고 주장하면서 물러서지 않는다면 결국 양쪽 모두에 파멸이 있을 뿐이다.

이를 안다면 무조건 자기주장만 내세울 일이 아니다. 따지고 보면 머리와 꼬리는 하나의 몸이다. 오른손이 다치면 왼손이 대신하고 왼쪽 눈이 병이 나면 오른쪽 눈이 왼쪽 눈이 할 일까지 다하는 것은 당연하다. 이런 이치를 모르고 내가 아니면 안 된다든가, 더 많이 했으니 몫을 더 차지해야겠다고 하면 그는 어리석은 사람이다. '불구덩이에 떨어진 뱀' 이야기가 가르치고자 하는 교훈도 바로 이것이다.

이발사가 된 대신

그는 매우 충직한 신하였다. 왕을 위해서는 자신의 목숨마저 돌보지 않았다. 왕은 그를 무척 신임했다.

어느 해 이 나라는 이웃 나라와 전쟁을 하게 되었다. 왕이 몸소 군사를 이끌고 전쟁터에 나갔다가 매우 위험한 처지에 빠졌다. 충직한 신하는 자신의 안위를 돌보지 않고 용감히 싸워 왕을 구했다. 전쟁이 끝난 뒤 왕은 감사의 뜻으로 그의 소원을 들어주려고 물었다.

"지난번 싸움 때 그대의 공은 땅을 덮을 만큼 컸도다. 내가 그대의 공을 치하하기 위해 그대의 소원을 들어주고자 하니, 지금 말하라."

그러자 충직한 신하가 엎드려 대답했다.

"대왕께서 수염을 깎으실 때 저를 시켜주신다면 무상의 영광이겠습니다."

"뭐라고? 수염 깎는 일이라고 했느냐?"

"네. 그러하옵니다."

"어째서 그런 일을 네가 하겠다고 하느냐? 그 일이라면 이발사가 적합하지 않느냐?"

"대왕이시여, 저는 언제나 대왕을 가까이서 모시고자 할 뿐입니다."

"그대의 충심(忠心)은 알겠다만, 어쩐지 어울리지 않다고 생각되는구나. 그러나 그대가 원한다면 그대의 소원대로 하라."

충직한 신하는 그때부터 왕의 수염 깎는 일을 하게 되었다. 이 소문을 들은 사람들은 이렇게 말했다.

"나라의 절반을 다스리는 재상이 될 수 있는데 구태여 수염 깎는 일이라니, 그는 어딘가 모자라는 사람인 모양이다."

 겸손이란 아름다운 것이다. 부잣집 아들이 검소한 차림을 하고 다닌다든가, 권력 있는 사람이 남을 무시하지 않는다든가, 박식한 사람이 잘난 척하지 않으면 더 훌륭해 보인다. 반대로 돈 많고 권력 있고 무식한 사람이 남을 무시하고 잘난 척하면 그것처럼 꼴불견도 없다. 그러나 아무리 겸손이 아름답다 해도 자신이 가진 능력을 지나치게 과소평가해서 매사에 꽁무니만 빼는 것도 그리 훌륭한 태도는 아니다. 예컨대 나라를 경영할 능력이 있는 사람이 애써 현실정치를 외면한다든가, 힘 있는 사람이 남의 고통을 보고도 나 몰라라 한다면 이는 겸손이 아니라 방관이다. 방관의 죄악은 지나친 겸손보다 더 나쁘다.

평생을 살아가다 보면 우리 인생에는 예기치 않은 행운과 시련이 닥칠 때가 있다. 그때 어떤 사람은 용기 있게 그것을 수용하거나 극복함으로써 승리의 월계관을 쓴다. 이에 비해 어떤 사람은 지나치게 소극적인 태도로 대응하다가 기회를 놓치고 만다. 높은 산을 오르고자 하는 등산가는 우선 자신감부터 가져야 한다. '내가 어떻게 해내겠느냐?'고 자신을 과소평가하고 겁부터 먹으면 큰 성공을 거둘 수 없다.

'평양감사도 저 하기 싫으면 그만'이라지만 평양 사람이 진심으로 나를 원하고 내가 하는 것이 다른 사람이 하는 것보다 낫다면 한 몸 편안함을 돌보지 않고 나서는 것이 옳다.

'없는 물건'이라는 물건

어떤 사람이 친구와 함께 길을 가고 있었다. 그들 앞에는 수레꾼이 수레에 깨를 가득 싣고 갔다. 수레꾼은 언덕에 이르러 몹시 힘겨워하면서 이들에게 부탁을 했다.

"내가 몹시 힘드니 당신들이 나를 좀 도와주시오."

"우리가 당신을 도와주면 당신은 우리에게 어떤 보답을 하겠소?"

수레꾼은 말했다.

"이 세상에서는 볼 수 없는 것을 주겠소."

그들은 그 약속을 믿고 수레꾼을 도와 수레를 밀었다. 수레가 평지에 이르자 그들은 약속대로 수레꾼에게 그 물건을 달라고 했다.

"내가 뭐라고 했는가? 그 물건은 이 세상에서 볼 수 없는 것이라고 하지 않았는가? 나는 이미 그 물건을 주었는데 당신들이 보지 못했을 뿐이오."

수레꾼이 웃으며 말했다. 그러자 한 사람은 바로 그 뜻을 알아차리고 떠나려 했으나 또 한 사람은 수레꾼에게 약속을 지키라고 계속 닦달을 했다.

"여보시오, 조금 전에 했던 약속인데 땀이 마르기도 전에 어떻게 다른 말을 하오. 군말하지 말고 이 세상에서는 볼 수 없다는 그 물건을 내놓으시오."

"아 글쎄, 그것은 볼 수 없는 것이래두."

"좋아요 좋아, 그러니까 그 볼 수 없는 물건이라도 좋으니 그것을 내놓으란 말이오."

그는 약이 올라 화를 냈다.

그러자 앞에서 보다 못한 친구가 말했다.

"여보게, 볼 수 없는 물건이란 본래 없는 것이나 다름없네. 만약 있다면 그것은 '없는 물건(物件)'이란 이름뿐이네. 그러나 그것 또한 '거짓 이름(假名)'에 불과하여 결국 저 수레꾼은 아무것도 주지 않겠다고 말한 것이네."

친구의 설명에도 그는 무슨 뜻인지 몰라 고개만 갸우뚱했다.

 선행(善行)만큼 아름다운 일은 없다. 전철이나 버스에서 노약자에게 자리를 양보하거나, 힘든 물건을 들고 가는 사람을 도와주는 것은 보기에도 아름답다.

모든 선행은 기본적으로 자발성에 기초해야 한다. 남이 시키거나 억지로 하는 일은 왠지 부자연스럽다. 자발성에 기초한 선행은 대가를 바라지 않는다. 내가 남에게 이만큼 베풀었으니 남도 나에게 상응하는 보답을 해야 한다는 생각이 없다. 만약 어떤 대가를 바란다면 그것은 참다운 선행이 될 수 없다. 대승불교의 유명한 경전 《금강반야바라밀경》에는 남에게 자선을 베풀 때 대가를 바라지 말 것을 가르친다. 이를 '무주상보시(無住相布施)'라 한다. 주었다는 생각조차 없이 베푸는 것(布施)이야말로 참다운 보시라는 것이다.

《금강반야바라밀경》에서 무주상보시를 강조하는 이유는 간단하다. 대가를 바라고 베푸는 자선 행위는 동기가 불순할 뿐만 아니라 적절한 보상이나 대가가 없으면 원망하는 마음이 생기기 때문이다.

실제로 우리는 어떤 자선 행위가 제대로 평가받지 못할 때 섭섭함을 느끼거나 심지어 후회하는 사람마저 있는 경우를 목격한다. 내가 이만큼 베풀었는데 왜 몰라주냐는 원망이다. 이런 원망을 가질 때 자선 행위의 의미, 특히 종교적 자선 행위의 의미는 퇴색하고 만다.

천재지변이나 충격적인 재해가 생길 때 신문이나 방송 같은 데서 모금을 하는 것을 자주 본다. 그때마다 어느 회사의 누가 얼마를 내놓았다고 얼굴이 나고 이름이 난다. 신문이나 방송에서는 그래야만 성금이 걷히니까 그렇겠지만, 참다운 자선의 뜻은 그 순간부터 왜곡되는 것이 아닐지…….

남몰래 베푸는 자선, 어려운 이웃을 보고 도움의 손길을 내미는 선행이 더 아름답다는 것을 잊지 말았으면 한다.

다섯째 마디

하루 종일 봄을 찾아 헤매는 것은
봄이 산 너머 남쪽에 있다고 믿는 고정관념 때문이다.
고정관념의 틀을 벗어 던지면, 매화나무 가지 끝에 찾아온 봄을 볼 수 있다.
우리가 찾고자 하는 모든 것은 이렇게 우리들 곁에,
자신의 내면에 들어 있음을 잊지 말아야 한다.

_ 물속에 비친 황금 그림자 중에서

아첨하기 경쟁

옛날 어떤 부자가 있었다. 그의 좌우에는 많은 사람들이 모여들어 환심을 사기 위해 온갖 아첨을 다했다. 그들은 부자가 가래침이라도 뱉으면 다투어 나서서 그것을 발로 비벼서 지웠다.

어느 날 그 부자의 집에 또 한 사람의 식객이 찾아왔다. 그도 부자에게 아첨을 하려고 했으나 도무지 기회가 오지 않았다. 그는 생각 끝에 비상한 방법을 찾아내었다.

'다른 사람들은 가래침을 뱉으면 밟지만 나는 뱉기 전에 밟으리라.'

묘안을 생각해 낸 그는 때가 오기만을 기다렸다.

얼마 되지 않아 마침내 아첨을 보여줄 때가 왔다. 부자가 방에서 나와 마당을 거닐다가 막 가래침을 뱉으려 하는 것이었다. 그는 재빨리 달려가 발을 들어서 부자의 입을 사정없이 밟았다. 그 때문에 부자는 입술이 터지고 이가 부러졌다.

"아니, 이게 무슨 짓이냐?"

부자가 화를 내며 말했다. 그는 회심의 미소를 지으며 대답했다.

"주인어른의 가래침이 입에서 나와 떨어지면 다른 아첨꾼들이 달려가 밟아서 지웁니다. 저도 그렇게 하려고 했으나 도저히 기회가 오지 않았습니다. 그래서 가래침이 나오기 전에 밟으려고 주인어른 입을 밟았습니다. 이만하면 제가 다른 사람보다 더 뛰어난 아첨꾼이라고 생각되지 않으십니까? 그러니, 이제는 저를 다른 사람보다 더 신임해 주셨으면 합니다."

 돈이 많거나 권력을 가진 사람 주변에는 많은 아첨꾼들이 모여들기 마련이다. 아첨꾼들의 관심은 재물과 권력에 있기 때문에 언제라도 재물이나 권력이 없어지면 흩어지고 만다. 아무리 충성을 맹세한 사람이라도 자기에게 돌아올 이익이 없는데 더 이상 그에게 아첨해야 할 이유가 없기 때문이다.

사람들은 가끔 이 점을 잊고 지내는 경우가 많다. 돈이 많고 권력이 많아서 사람들이 모여드는 것을 모르고 남의 아첨받기만 좋아하다가 나중에 실망한다. 그러나 따지고 보면 조금도 실망할 일이 아니다. 인간사란 아첨꾼의 세 치 혀끝이 아니라 재물과 권력에 의해 좌우된다. 내가 남에게 아무런 이익도 줄 수 없는데 남이 나에게 잘해주기를 바라는 것 자체가 잘못이다.

돈 많고 권력이 있을 때 호사를 누리다가 돈 떨어지고 권력이 없어졌을 때 실망하지 않으려면 처음부터 생각을 단단히 해둘 필요가 있다. 언젠가는 내가 헌신짝처럼 버림을 받을 수도 있다는 사실을 미리부터 깨닫는 것이다. 처음부터 이렇게 생각하면 누가 아첨꾼이고 누가 아닌지를 쉽게 판가름할 수 있는 안목이 생긴다.

아첨꾼의 속성은 언제나 햇빛을 따라 고개를 돌리는 해바라기다. 해바라기를 나쁘다고 말하기보다는 해바라기에 속지 않는 것이 삶의 지혜다. 아첨꾼을 옆에 두고 있다는 사실을 눈치 채지 못하다가는 입술이 깨지고 이가 부러지는 봉변을 당할지도 모른다.

공평하게 재산 나누는 법

어떤 귀족이 두 아들을 두었다. 그는 늙고 병이 위중하여 오래 살지 못할 것을 알았다. 귀족은 두 아들을 불러서 자신이 죽고 난 다음의 일을 부탁하였다.

"나는 이제 더 이상 살지 못할 것 같구나. 그래서 유언을 남기고자하니, 잘 들었다가 그대로 하도록 하여라. 나의 재산은 어디어디에 얼마가 있다. 이 재산은 너희 둘이서 똑같이 나누어 가져라. 누가 더 많고 누가 더 적으면 형제간의 불화의 원인이 된다. 그러니 반드시 똑같이 나누어야 한다."

두 아들은 아버지가 돌아가신 후 유언에 따라 재산을 나누려고했다. 그런데 여러 가지 재산을 조금도 기울지 않게 나눈다는 것이여간 어렵지 않았다. 형이 흡족하면 동생이 불만이고 동생이 흡족하면 형이 불만이었다. 그때 이웃집 노인이 찾아와 공평하게 유산 나누는 법을 이렇게 일러주었다.

"모든 재산을 부수어서 두 몫을 만들면 된다. 옷은 반을 찢어 나누고 밥상이나 항아리도 부수어서 나누고, 돈도 찢어서 둘로 나누어 가져라. 이것이 가장 공평하게 재산을 나누는 법이다."

두 형제는 노인의 말대로 모든 재산을 한군데로 모아서 찢고 부순 뒤 공평하게 두 몫으로 나누어 가졌다.

그러나 그들의 재산은 쓰레기와 다름 없었다.

 유산 분배를 둘러싼 형제들의 다툼은 우리 주변에서 종종 보는 일이다. 평소에 그토록 의좋던 사이가 유산 분배 문제로 다툼을 벌이고 절연에 이르는 예도 없지 않다. 형제들 간의 다툼에는 그만한 이유가 있다. 형의 입장이 다르고 아우의 입장이 다르다. 남도 아니고 한 핏줄의 형제 사이에 유산 다툼이 생기면 감정의 골도 그만큼 깊어질 수밖에 없다.

대의명분을 걸고 벌이는 다툼도 아니고 유산을 둘러싼 싸움은 치사하기 그지없다. 겉으로는 체면과 형제애를 가장하면서 속으로는 야욕의 발톱을 감추었던 모습이 싸움을 통해 노골적으로 드러난다. 그것을 보노라면, 인간의 삶이 이처럼 더럽고 치사한 것인지 구토가 날 지경이다.

모든 종류의 다툼이 다 그렇지만, 특히 이익 다툼은 남의 입장을 고려하지 않기 때문인 경우가 대부분이다. 내가 어떤 주장이나 요구를 하기 전에 남의 입장에서 먼저 생각해보면 그 주장의 이유를 납득할 수 있다. 남의 주장이나 요구를 납득할 때, 내가 양보해야 하는가 말아야 하는가를 알 수 있다.

입장 바꿔 생각하기란 결코 쉽지 않다. 그러나 내가 먼저 남의 입장을 생각하면, 남도 나의 입장을 생각하게 된다. 해결의 실마리는 여기서 찾아진다.

물론 내가 먼저 남의 입장을 생각해주었는데 남은 나의 입장을 생각해주지 않는 일도 있을 것이다. 사실, 세상을 살다 보면 이런 일이 오히려 다반사다. 양보만 하다가 손해 보는 일이 적지 않다. 이런 경우는 어떻게 해야 하는가? 대답은 '어쩔 수 없다'이다. 내가 먼저 남의 입장을 헤아리는데 남은 나의 입장을 전혀 헤아리지 않는다면 그때는 정말 어쩔 수 없다. 왜 내 입장은 생각해주지 않느냐고 해봐야 소용없다.

'어쩔 수 없다'고 체념하는 것, 그것이 지혜다. 화난다고 같이 맞부딪쳤다가는 너도나도 상처만 입는다. 똑같이 유산을 나눈다고 하다가 서로 아무것도 가질 수 없게 된다는 얘기다.

한눈팔다가 배곯은 사나이

두 사나이가 있었다. 이들은 동네 밖에 있는 옹기장이네 집으로 놀러갔다. 마침 옹기장이는 바퀴를 돌려 오지그릇을 만들고 있었다. 두 사나이는 신기해하면서 바퀴 돌리는 모습을 구경했다.

시간이 한참 지나자 그들은 배가 고팠다. 그러나 구경이 워낙 재미있어 자리를 뜨지 못했다. 그때 한 사나이가 배고픔을 참다못해 식사하러 가자고 말했다. 그런데도 친구는 좀처럼 자리를 뜨지 않으려 했다. 그러자 사나이는 하는 수 없이 먼저 일어났다.

밖으로 나온 그는 어떤 큰 잔치를 여는 집에 가게 되었다. 그 집의 주인은 그날 무슨 좋은 일이 있었는지 많은 사람들을 초대해 음식을 대접하고 후한 선물까지 들려서 보냈다. 그는 배불리 먹고 선물까지 받는 횡재를 했다.

돌아오는 길에 친구의 일이 궁금해 옹기장이네 집에 들러 보았다.

그때까지 그의 친구는 오지그릇 만드는 구경에 정신이 팔려 자리를 뜨지 않고 있었다. 그는 좋은 음식과 후한 선물을 준다는 잔칫집 얘기를 들려주었다. 그러나 이 친구는 아직도 구경에 정신이 팔려 이렇게 말하는 것이었다.

"조금만 더 구경하고 같이 가도록 하세."

결국 그는 배도 곯고 선물도 받지 못하고 말았다.

 사람의 생활에 여가와 놀이가 없다면 그보다 더 무미건조한 삶은 없을 것이다. 어떤 사람은 "자살을 하고 싶어도 시간이 없어 못한다."고 허풍을 떨기도 하지만, 실제로 그렇게 사는 사람은 아무도 없다. 아무리 바빠도 적당한 여유와 휴식은 있다. 만약 사람에게 휴식과 여가를 송두리째 빼앗아간다면 그날부터 지옥보다 더한 고통이 계속될 것이다.

무간지옥(無間地獄)이란 잠시의 쉴 틈도 없이 고통이 계속된다는 의미다. 여가가 없다는 것은 지옥의 고통과 다름없다는 뜻이다.

그러나 아무리 여가가 중요하다 해도 지나치면 오히려 병이 된다. 하루 종일 할 일이 없어 빈둥대거나 놀이에 빠져 할 일을 제대로 하지 않는다면 이는 결코 바람직한 일이 못 된다. 예컨대 도박이나 놀이에 빠져 할 일을 하지 않고 때를 놓친다면 그의 앞날이 어떻게 되겠는가.

그런데 사람들이 사는 모습을 보면 정말 바쁘게 일하다가 힘들다고 비명을 지르는 일보다는 빈둥거리다가 패가망신하는 쪽이 훨씬 더 많다. 부지런한 사람은 아침 일찍 일어나 밭 갈고 씨 뿌리는데 놀이에 빠진 사람은 이런 일에는 도무지 취미가 없다. 남이 이루어 놓은 성과는 부러워하면서 그곳에 이르고자 하는 노력은 하지 않는다.

이런 식으로 살다가는 결과가 뻔하다. 남들은 다 한아름의 보람을 수확하는데 자기는 헛바람만 한아름 안아야 한다.

빡빡한 시간에 얽매여 살아가는 현대인들에게 적당한 여가와 놀이는 한 줄기 청량한 바람처럼 소중한 것이다. 그러나 놀이가 지나쳐 본업을 잊어버리고 사는 것은 결코 바람직한 것이 아니다. 이틀 동안 피로를 풀고 닷새는 열심히 일할 것, 출근해서는 열심히 일하고 퇴근해서는 충분히 쉴 것, 쉴 때 쉬고, 일할 때 일하는 절도 있는 생활을 하지 않으면 인생이 허물어져 버린다. 지금 나는 도박이나 놀이에 빠져 할 일을 제대로 못하고 있지는 않은지 찬찬히 살펴볼 일이다.

물속에 비친 황금 그림자

어느 마을에 한 젊은이가 살고 있었다. 어느 날 그는 맑고 고요한 연못으로 산보를 갔다. 그 연못 속에는 순금이 반짝반짝 빛나고 있었다. 젊은이는 '이게 웬 떡이냐.' 하면서 물속에 들어가 순금을 건져 올리려고 하였다.

그런데 어쩐 일인지 그가 물속에 들어가면 순금이 금방 사라졌다. 그리고 한참이 지나 다시 연못이 맑고 고요해지면 또 순금이 나타났다. 젊은이는 다시 연못에 들어가 순금을 건져 올리려고 물속에 들어갔다 나왔다 했다. 그러는 사이에 그는 몹시 지쳐서 저녁 무렵에는 아주 녹초가 되다시피 했다.

한편 젊은이의 아버지는 아들이 아침나절에 산보를 나갔다가 돌아오지 않자 근심이 돼서 연못가로 찾으러 왔다. 아들은 물에 빠진 생쥐 꼴이 되어 몹시 지쳐 있었다.

"아니, 얘야. 이게 어찌된 일이냐?"

"아버지, 이 연못 속에 순금이 있는데 건지려고만 하면 사라져요. 하루 종일 순금을 건지려다가 이렇게 지쳤어요."

아버지는 아들의 말을 듣고 연못 속을 살펴보았다. 물속에는 순금의 그림자가 비치고 있었다. 아버지는 연못가의 나무 위에 있는 순금이 물속에 그림자로 비치고 있는 것을 알았다. 아버지는 아들을 시켜 나무에 올라가 가지 사이에 끼어 있는 순금을 찾아 가지고 오게 했다. 아들은 아버지의 말대로 순금을 찾아냈다.

"아버지는 어떻게 나뭇가지에 순금이 끼어 있는 것을 아셨어요?"

아들이 물었다. 아버지는 빙그레 웃으면서 그 아들에게 말했다.

"아마 새가 금을 물고 날아가다가 나무 위에 두고 간 것이겠지. 그 그림자가 연못에 비쳐서 네가 착각한 모양이로구나."

아버지와 아들은 뜻하지 않은 순금을 얻어 유쾌한 기분으로 집으로 돌아왔다.

옛날 어떤 사람이 봄을 찾으려고 밖으로 나갔다. 산을 넘고 내를 건너 하루 종일 쏘다녔으나 봄은 찾을 수 없었다. 그는 허탈한 심정으로 돌아왔다.

집으로 돌아온 그는 마루 끝에 앉아 무심결에 뜰 앞의 매화나무를 쳐다봤다. 매화나무는 마침 봄기운을 머금고 꽃망울을 벙긋 터뜨리고 있었다.

"아, 봄이 저기 와 있었구나."

그는 문득 깨달음을 얻었다.

옛날 이야기 한 토막이지만, 이 속에 오묘한 지혜가 들어 있다.

우리는 모든 것을 바깥에서만 찾으려고 한다. 행복을 찾으려고 하면서 물질적 조건만으로 해결하려고 한다. 사랑을 상대방의 미모와 젊음에서만 구하려고 한다.

그러나 행복이나 사랑은 결코 바깥에 있는 것이 아니다. 자신의 내면에 들어 있다. 마음이 온화하고 편안하면 그 속에서 남모르는 행복이 솟아난다. 남에게 사랑받기보다는 내가 먼저 남을 사랑하려는 마음에서 아름다운 사랑이 묻어 나온다. 우리는 이 평범한 이치를 잊어버리고 있기 때문에 불행하다고 생각한다.

진리를 찾고 자기 자신을 찾는 일도 그렇다.

많은 사람들은 진리란 아득히 먼 곳에 꼭꼭 숨어 있는 것이라고 생각한다. 그래서 진리를 찾자면 엄청난 고행을 견뎌야 하고 수많은 세월을 보내야 한다고 생각한다. 그러나 진리란 결코 먼 곳에 있는 것이 아니라, 우리들 자신 속에 내장돼 있다. 옛 스님들이 '도를 깨닫기란 얼굴 씻으며 코 만지기보다도 쉽다.'고 말했다. 참으로 적절하고 옳은 말이다. 진리란 먼 곳에 있는 것이 아니라 바로 나와 함께 있는 것이기 때문이다.

흔히들 자아상실을 말하지만 자기 자신이 어디 멀리 도망간 것은 아니다. 우리가 잊고 있든 아니든 간에 자아란 우리 자신과 함께 있다. 그것을 잊고 멀리서 자아를 찾으려고 할 때, 자기 자신은 더욱 오리무중에 빠지게 된다.

사물을 바라볼 때 너무 현상에만 집착하지 말아야 한다. 조금 비켜서서 새로운 시각으로 살펴보면, 우리가 어렵다고 생각하던 일도 의외로 쉽사리 해답이 발견된다. 그러자면 지금까지 가지고 있던 고정관념을 버려야 한다. 내가 지금껏 옳다고 생각하고 집착하던 고정관념을 벗어던질 때 새로운 안목이 열린다.

하루 종일 봄을 찾아 헤매는 것은 봄이 산 너머 남쪽에 있다고 믿는 고정관념 때문이다. 고정관념의 틀을 벗어 던지면, 매화나무 가지 끝에 찾아온 봄을 볼 수 있다. 우리가 찾고자 하는 모든 것은 이렇게 우리들 곁에, 자신의 내면에 들어 있음을 잊지 말아야 한다.

만물의 형상 만들기

손재주가 좋은 사람이 있었다. 그는 어떤 형상이나 물건이든 못 만드는 것이 없었다. 그러나 그는 아주 겸손했다. 남보다 잘났다고 뽐내는 일이 없었다.

그에게는 못난 제자가 한 명 있었다. 그는 스승의 재주를 자기의 재주로 착각하고 으스댔다. 그 제자가 어느 날 외출을 했다가 외도(外道)를 믿는 사람을 만났다. 외도를 믿는 사람이 말했다.

"하늘에 있는 신(大梵天王)이 이 세상을 만들었다. 그 신이 이 세상의 만물의 아버지다."

이 말을 들은 제자가 반박했다.

"그렇지 않다. 나도 만물을 만들 수 있다."

큰소리를 치고 돌아온 제자는 스승에게 자기도 만물을 만들어보고 싶다고 졸랐다. 스승은 "아직 너는 그럴 만한 재주가 없다."고 타일렀다. 그러나 제자는 오히려 자존심이 상했다. 그래서 스승의 허락도 없이 여러 가지 형상을 만들었다. 이를 본 스승이 말했다.

"네가 만든 것은 도무지 균형이 잡혀 있지 않다. 머리는 너무 크고 목은 너무 가늘다. 손은 너무 크고 팔은 너무 짧다. 다리는 너무 가늘고 발꿈치는 너무 크다. 네가 만든 형상은 차라리 귀신 같구나."

만물을 누가 창조했느냐에 대해서는 종교마다 해석이 다르다. 기독교와 같은 유일신교는 전능한 신이 있어서 만물을 창조했다고 말한다. 이러한 주장을 따르다 보면 인간의 모든 길흉화복과 운명이 신의(神意)에 귀속된다. 그러나 창조주를 전제로 할 때 거기에는 몇 가지 의문이 따른다.

첫째는 신이 만물을 창조했다면 왜 누구는 부자로 예쁜 사람으로 만들고, 누구는 그렇지 않게 만들었는가에 대한 의문이다.

기독교는 이에 대해 나름대로의 교리적 답변을 준비하고 있지만 이성적으로 쉽게 납득이 가는 것은 아니다.

이에 비해 불교와 같은 무신론적 종교의 설명은 다르다. 모든 존재는 인연에 의해 만들어졌으며, 인연이 다하면 소멸한다고 말한다. 인연이란 누구의 능력에 의한 것이 아니라 스스로 짓는 행위의 결과인 업(業)에 의한 것이란 설명이다. 불교의 인연론은 기독교의 창조론과 극명한 대비를 이룬다. 하나는 신에 의한 창조이고 하나는 스스로의 행위에 의한 결과이므로 반대의 입장에 선다. 어떤 주장이 더 설득력이 있는지는 각자의 판단에 맡길 일이다.

　다만 한 가지 덧붙일 것은, 각자의 판단이 편견이나 무지(無知)에 의한 것이 되어서는 안 된다는 점이다. 편견과 무지는 판단을 그르치고, 그릇된 판단은 잘못된 종교관과 인생관을 갖게 한다.

　보편적이고 지혜로운 생각으로 존재의 근원에 대해 생각하고 거기에서 도출된 결론에 의해 종교와 만날 때, 불교든 기독교든 미신에 빠지지 않게 된다. 미인도를 그리려다가 귀신의 초상화를 그리지 않는 요령도 여기에 있다.

환자의 태도

어떤 사람이 병이 들어 위독한 지경에 이르렀다. 그는 용한 의사에게 자신의 병을 보이고 치료할 방안을 물었다. 의사는 그의 병을 진찰한 뒤 이렇게 일러주었다.

"병이 몹시 깊어 위험하지만 못 고칠 병은 아니다. 내가 처방을 내릴 테니 그대로 하라. 어떻게 하느냐면, 꿩고기만 먹고 다른 것은 먹지 말아라. 그러면 병을 고칠 수 있으리라."

처방을 받은 그는 시장에 가서 꿩 한 마리를 샀다. 그러나 그는 그것만 먹고 더 먹지 않았다. 며칠 뒤 의사가 지나가다 때마침 그를 보고 물었다.

"요즘 꿩고기는 잘 먹고 있는가? 그래, 차도는 좀 있는가?"

"꿩고기는 한 마리만 먹었습니다. 그리고 그 뒤로는 아무것도 먹지 않았습니다."

"아니, 왜 그런가?"

의사가 놀라서 물었다.

"전날 의사 선생님께서 내게 꿩고기만 먹으라고 하지 않았습니까? 그래서 한 마리만 먹고 다른 것은 먹지 않았습니다."

의사는 한숨을 쉬며 말했다.

"여보시게, 꿩고기를 한 번 먹었으면 계속 먹어야지, 어떻게 한 마리만 먹고 낫기를 바라는가."

 부처님에게는 여러 가지 별명이 있다. 훌륭한 의사와 같다고 하여 '대의왕(大醫王)'이라고도 하고 훌륭한 길잡이와 같다고 하여 '대도사(大導師)'라고도 부른다.

진실로 부처님은 훌륭한 의사요, 좋은 길잡이다. 그분이 가르친 대로 약을 지어먹으면 낫지 못하는 병이 없다. 그분이 가르친 대로 길을 가다 보면 열반이라는 목적지에 반드시 도달하게 된다. 따라서 우리는 부처님이 가르친 대로 약을 지어먹고, 길을 따라가느냐 못 가느냐를 걱정할지언정 병이 쾌차될지 안 될지에 대해서는 전혀 걱정할 필요가 없다.

어떤 사람은 부처님의 진단과 처방에 따라 약을 먹었는데도 병이 낫지 않는다고 불평하기도 한다. 부처님이 가르쳐준 길을 걸어갔는데도 열반이란 목적지에 도달하지 못했다고 투덜거리는 사람도 있다. 그러나 이런 사람은 다시 한 번 자신의 태도를 반성해볼 필요가 있다. 무슨 말이냐 하면, 부처님의 가르침대로 산다면서 사실은 부분적으로 오해를 한 경우가 대부분이기 때문이다.

부처님은 우리에게 집착을 끊으라고 말씀한다. 사람을 미워하지 말고 서로 도우라고 말한다. 행복의 길은 바로 거기에 있다고 말한다. 그럼에도 불구하고 중생은 말로만 그렇게 하는 척한다. 입 달린 사람 치고 착하고 바르게 살아야 한다고 말하지 않는 사람이 없지만, 세상이 어디 말대로 되어가고 있는가.

선한 세상, 아름다운 세상, 진실한 세상은 단 한마디의 선하고 아름답고 진실한 말로 이루어지는 것이 아니다. 지속적이며 꾸준한 실천, 잠시라도 그것을 잊어버릴 때 그런 세상은 금방 사라진다. 그러면서 선한 말, 진실한 말을 했는데 왜 선하고 진실한 세상이 되지 않았느냐고 되묻는 것은 어리석은 일이다.

선한 세상, 행복한 삶은 우연히 또는 단 한 번에 이루어지는 것이 아니다. 깊은 병을 앓는 사람이 단방약(單方藥)으로 완쾌되리라 기대하는 것은 무리다. 귀찮고 힘들더라도 꾸준하고 열심히 처방대로 약을 복용하고 회복을 위해 노력해야 한다.

부처님은 우리에게 진리의 횃불을 들고 행복으로 향하는 큰길을 비추고 있다. 그 길은 누가 보아도 바르고 큰길이다. 그 길로 걸어가면 진리의 세계, 평화의 세계에 도달하지 못할 리가 없다.

우리의 병은 부처님의 말씀을 잘못 알아듣고 멋대로 행동하는 데 있다. 멋대로 행동하면서 결과가 좋지 않다고 불평하는 것은 옳지 않다. 내가 걷는 길이 정말로 부처님이 말씀한 바른 길인지 좋은 스승을 만나 한 번은 점검해볼 일이다.

도망쳐야 했던 이유

옛날 어떤 나라에 음악을 연주하는 악사들이 있었다. 한 해는 흉년이 들어 먹을 것이 궁해졌다. 그들은 상의한 끝에 흉년이 들지 않는 이웃 나라로 옮겨가기로 했다.

악사들은 무리를 지어 이웃 나라로 떠났다. 도중에 높고 험한 산을 넘게 되었는데 그 산은 예로부터 사람을 잡아먹는 귀신이 나온다는 소문이 있었다. 밤이 깊어 더 이상 걸을 수 없게 되자 그들은 한곳에 모여서 잠을 자기로 했다. 바람이 찼기 때문에 악사들은 모닥불을 지피고 자리에 누웠다.

악사들 가운데 추위를 몹시 타는 사람이 있었다. 그는 불을 피웠는데도 추워서 잠을 자지 못하고 일어나서 모닥불을 쬐었다. 그래도 추위를 견딜 수 없자 보따리 속에서 연주를 할 때 쓰는 나찰의 옷을 꺼내 입었다.

밤이 깊어지자 일행 중 한 사람이 소변이 마려워 잠을 깼다. 그런데 이게 웬일인가. 모닥불 옆에 무서운 나찰이 앉아 있는 것이었다. 그는 무서워서 자세히 살펴볼 사이도 없이 소리를 지르며 도망을 치기 시작했다. 그 바람에 다른 사람들도 잠에서 깨어났다. 그들도 나찰을 보고 놀라서 도망을 쳤다.

나찰 옷을 입고 있던 사람들은 동행들이 갑자기 뛰는 것을 보고 어디에서 나찰이 나타난 줄 알고 같이 뛰었다.

동행들은 나찰이 쫓아오는 줄 알고 걸음아 나 살려라 하고 뛰었다. 이렇게 그들은 밤새도록 뛰었다.

날이 밝아올 무렵 도망치던 사람들은 기진맥진했다. 나찰 옷을 입은 사람도 역시 기진맥진했다. 그들은 도저히 뛸 수가 없어서 자리에 주저앉았다. 그제서야 그들은 나찰 옷을 입은 사람이 귀신이 아니라 동료 악사라는 것을 알게 되었다.

 사회학자 리스먼은 《고독한 군중》이란 책에서 현대인들의 특징을 "타인지향성"으로 규정한다. 타인지향성이란 자기의 생각이나 판단보다는 남이 나를 어떻게 보고 평가할까에 더 많은 관심을 갖는 것을 말한다. 그래서 그들은 자기의 개성이나 생각보다는 남의 시선과 관심에서 벗어나지 않기 위해 말하고 행동하고 생각한다. 올 봄에는 어떤 머리 모양이 유행이다 하면 무조건 따라가려고 한다. 마치 그렇게 하지 않으면 시대에 뒤떨어진 낙오자인 것처럼 생각한다. 옷이나 말씨, 심지어는 행동양식이나 사고방식도 남을 의식하고 거기에 맞추려고 하는 것이다.

이러한 속성을 십분 활용하는 것이 광고다. 텔레비전이나 신문에 나오는 광고는 대중사회의 유행을 부추긴다. 새로운 냉장고나 세탁기를 사지 않으면 문화생활에서 동떨어진 사람인 양 부추긴다. 대중사회의 타인지향성의 사람들은 광고가 만들어내는 유행에 자기도 모르는 사이에 부화뇌동(附和雷同)한다. 그리고 그것은 어느새 대중사회의 지배적 경향이 된다. 이 '지배적 경향'은 어떤 개인도 그렇게 하지 않을 수 없게 만든다.

사람들은 한여름에 짧고 얇은 옷을 입고, 겨울에는 두꺼운 옷을 입는 것을 상식으로 생각한다. 더우니까 얇은 옷, 추우니까 두꺼운 옷을 입겠지만 이런 기능적 측면보다는 여름이면 추워도 얇은 옷, 겨울이면 더워도 두꺼운 옷을 입어야 하는 줄 아는 것이다.

남이 하니까 나도 하는 이유는 한마디로 확고한 자기주체성이 없기 때문이다. 자기주체성이 뚜렷한 사람은 남이 어찌한다고 거기에 휩쓸리지 않는다. 남들이 짧은 치마, 긴 머리라 해서 나도 반드시 그렇게 해야 한다는 생각은 결코 바람직한 것이 아니다.

인생이란 결코 누가 대신 살아주는 것이 아니다. 남에게 잘 보이기 위해 내가 존재하는 것도 아니다. 타인에게는 타인의 인생이 있듯이 자기에게도 자기의 인생이 따로 있다. 아무리 남에게 잘 보이고 남과 잘 어울린다 해도 인생이란 결국 혼자서 잠드는 것이고, 죽을 때는 혼자다.

그렇다면 우리는 지금까지 지나치게 남의 눈을 의식하며 살아온 태도에 대해 진지하게 반성해볼 필요가 있다. 과연 나는 나 자신이 주인이 되어 살아가고 있는가. 남에게 보이기 위해서가 아니라 나 자신을 위해, 일하고 웃고 말하고 생각하는가에 대한 자기 반조(反照)의 시간을 가져야 한다.

남이 장에 가니까 거름지게 지고 따라가는 몰주체적인 태도는 인생을 주체적으로 살아가는 것이 아니다. 많은 사람이 다 장에 가더라도 갈 필요가 없다면 혼자라도 남아 있을 수 있는 용기를 가져야 한다. 이것이 참다운 용기다.

그냥 정신없이 살아가다 어느 날 문득 자신을 돌아보았을 때 초라한 자화상을 발견하고 쓸쓸해하지 않으려면, 자기 자신을 위해 생각하는 시간, 조용한 명상의 시간을 가져볼 일이다.

귀신과 힘겨루기

오래된 집이 한 채 있었다. 사람이 살지 않는 폐가였다. 사람들은 그 집에서 귀신이 나온다고 하여 아무도 얼씬거리지 않았다.

마을을 지나가던 어떤 사람이 이 말을 듣고 자기는 용감하고 대담하기 때문에 귀신 따위는 무섭지 않다면서 이렇게 말했다.

"내가 이 방에 들어가서 하룻밤을 보내리라. 그까짓 귀신이 있으면 어떠냐. 내가 귀신을 쫓아버리리라."

그가 하룻밤을 새우기 위해 집안으로 들어간 지 얼마 되지 않아 또 한 사람의 여행자가 나타났다. 그도 마을 사람들로부터 '이 집에 귀신이 있다'는 말을 듣고 괜찮다며 하룻밤 묵어가겠다고 했다.

그가 방문을 열고 들어가려고 하자 먼저 방에 들어가 있던 사람이 귀신이 나타난 줄 알고 방문을 잡고 열어주지 않았다. 그러자 늦게 들어가려고 하는 사람은 귀신이 안에서 문을 닫고 열어주지 않는 줄 알고 있는 힘을 다해 방문을 열려고 했다. 그들은 날이 새도록 이렇게 서로 힘겨루기를 했다. 그러다가 날이 밝았다. 두 사람은 그제야 방문 안이나 밖에 있는 것이 귀신이 아니라 사람인 줄 알았다.

 세상에 오해처럼 어처구니없는 일도 없다. 오해 때문에 얼마나 많은 웃지 못할 일이 생기는가.

오해란 따지고 보면 착각이나 그릇된 신념에 의해 일어난다. 사실은 그렇지 않은데 잘못된 정보를 옳다고 믿고 판단하는 데서 오해가 생긴다. 재미있는 것은 한 번의 오해나 착각이 그것으로 끝나지 않고 자꾸 새끼를 친다는 사실이다. 어떤 사람이 공연히 미워지거나 좋아지면 정작 상대방은 가만히 있는데 자기 혼자 별별 상상을 다 한다. 미운 사람이면 바람이 불어 눈썹만 한 번 찡그려도 내가 미워서 그런다고 생각한다. 반대로 자기가 좋아하는 사람이면 휘파람만 불어도 자기가 좋아서 그러는 줄 안다. 사태는 여기서 끝나지 않는다. 반드시 그 다음 단계로 넘어가서 또 다른 오해와 착각인 줄 알았을 때는 이미 돌이킬 수 없는 상태에까지 이른다.

처음부터 오해와 착각의 굴레에 빠지지 않기 위해서는 한 발짝 물러서서 바라볼 줄 아는 지혜가 필요하다. 좋은 사람이든 싫은 사람이든 단번에 좋아하고 미워하기보다는 조금 멀리서 찬찬히 그 실체를 들여다보아야 한다. 그러다 보면 좋은 사람도 약점이 발견되고, 싫은 사람도 어딘가 장점이 발견된다. 그런 것을 찾아낸 다음에 미워하거나 사랑해도 결코 늦지 않다.

서양 속담에 '연애할 때는 두 눈을 다 뜨고 상대를 바라보고 결혼해서는 한쪽 눈을 감고 상대를 바라보라'는 말이 있다. 착각과 오해로 실망하지 말고 실체를 똑똑히 보라는 얘기다.

벼락출세한 사나이

어떤 음탕한 여자가 있었다. 그녀는 욕정이 왕성해 외간남자와 통
정하려고 했으나 항상 남편의 눈치를 살펴야 했다. 음탕한 여자는 남
편을 죽이기로 결심하고 기회를 엿보았다.

어느 날 남편이 먼 나라에 사신으로 가게 되었다. 여자는 좋은 기
회구나 싶어 독을 넣은 떡 500개를 만들어 남편에게 주었다.

"여보, 먼 나라로 가시게 되면 얼마나 힘들겠어요. 제가 정성으로
500개의 떡을 만들었으니 여행 중에 배고프면 한 개씩 드세요."

남편은 아내의 정성을 고맙게 여겨 낙타에 떡을 싣고 길을 떠났
다. 날이 어두워지자 그는 나무 밑에서 노숙을 하게 되었는데 짐승
들을 피해 높은 나무 위로 올라가 있었다. 그러면서 떡은 잊어버리고
나무 밑에 그냥 두었다.

그런데 그날 밤 묘한 일이 벌어졌다. 500명의 도적이 왕의 말 500

마리와 여러 가지 보물을 훔쳐 가지고 오다가 그 나무 밑에서 쉬게 되었다. 그들은 몹시 시장하던 터라, 낙타에 실린 500개의 떡을 보자 허겁지겁 그것을 하나씩 나누어 먹었다. 독이 든 떡을 먹은 도적들은 이내 약기운이 퍼져 한 사람씩 쓰러져 죽고 말았다.

날이 밝자 나무 위에 올라가 있던 남자는 눈앞에 펼쳐진 광경에 놀라 몸을 떨었다. 그는 나무에서 내려와 독이 든 떡을 먹고 죽은 도적들의 시체를 짐짓 칼로 찌르거나 베어 버린 뒤 말과 시체를 거두어 왕을 찾아갔다.

왕은 대단히 놀라면서 높은 벼슬과 많은 상을 내렸다. 신하들은 이를 시기했지만, 그가 혼자서 500명의 도적을 잡은 줄 알고 감히 말을 못했다.

그런데 얼마 후 곤란한 일이 생겼다.

궁성 밖에 무시무시한 사자가 나타나 사람들을 마구 해치는데 이를 퇴치할 방법이 없어 백성들이 공포에 떨었다. 그러자 대신들은 왕에게 500명의 도적을 잡은 사나이로 하여금 사자를 퇴치하게 하라고 아뢰었다. 왕은 대신들의 말대로 그에게 무기를 주어 사자를 물리치게 했다.

그는 왕의 명령을 받고 사자와 싸우러 나갔다. 사자는 그를 보자 달려들었다. 그는 사자를 피해 나무 위로 올라갔다.

사자는 입을 벌리고 으르렁거렸다. 그는 무서워 쥐고 있던 칼을 떨어뜨렸다. 그 칼이 사자의 목을 찔러 사자는 죽고 말았다.

왕과 대신들은 그를 더욱 공경하고 큰 상을 내렸다.

인생의 성패란 참으로 묘한 것이다. 어떤 일은 정성과 노력을 다했는데도 어이없이 실패하는가 하면, 또 어떤 일은 생각지도 않았는데 성공하는 수가 있다. 사람들은 이를 두고 '조상의 묘를 잘 쓴 탓'이라느니 '행운의 여신이 가져다준 선물'이라는 해석을 단다.

확실히 인생이란 어떤 알지 못하는 무엇에 의해 이끌려 가는 구석이 없지 않다. 그래서 사람들은 행운을 기대하며 벼락출세와 일확천금을 꿈꾼다.

그러나 벼락출세나 행운만을 기다리며 살 수 없는 것이 인생이다. 벼락출세나 행운을 기다렸다가 그것이 찾아온다면 다행이지만, 기다려도 오지 않으면 낭패다. 감나무 밑에서 감이 떨어지기를 기다리는 것은 그만큼 불확실한 것이다. 그 불확실성을 기다리며 방일하는 것은 결코 옳지 않다. 어느 날 갑자기 백마 탄 왕자가 나타나는 것은 동화나 소설에나 나오는 얘기지 현실은 아니다. '신데렐라의 꿈'은 어디까지나 꿈일 뿐이다.

우리가 해야 할 일은 감나무 밑에 앉아 감 떨어지기 기다리기, 말하자면 허황된 꿈이나 꾸면서 행운을 기다리는 것이 아니다. 복권이 당첨되거나 강남에 사둔 땅값이 갑자기 몇 배로 뛰는 행운은 몇몇 운 좋은 사람의 일이다. 우리에게는 절대 그런 일이 일어나지 않는다. 그래서 우리는 부지런히 땀을 흘리는 수밖에 다른 방법이 없다.

남보다 더 많이 땀을 흘리고, 일을 했는데도 좋은 결과가 오지 않으면 어떻게 하는가? 안타깝지만 할 수 없는 일이다. 그러나 대개는 그렇게까지는 되지 않는다. 최소한의 결실은 나타난다. 그것을 믿고 살아가는 수밖에.

말만 앞세운 선장 아들

어떤 선장(船長)의 아들이 있었다. 그는 어렸을 때부터 아버지에게서 배를 움직이는 기술에 대해 많은 것을 들어 모르는 것이 없을 정도였다. 그는 누구보다 배 다루는 지식이 뛰어나다고 자랑했고, 다른 사람들도 그렇게 믿었다.

어느 날 뱃사람들이 먼 바다의 어떤 섬에 보물이 있다는 말을 듣고 보물을 찾아 떠나기로 했다. 이 배에는 선장의 아들도 함께 탔다. 그는 아버지에게 들은 배 부리는 기술을 사람들한테 자랑하며 이번 뱃길에서는 반드시 많은 보물을 얻어 올 것이라고 호언했다.

바다에 들어온 지 며칠이 지나서였다. 갑자기 돌풍이 불어 돛대가 부러졌다. 이 사고로 배를 지휘하던 선장이 죽었다. 돌풍은 계속해서 파도를 불러 일으켰다. 배는 금방이라도 침몰할 것 같았다. 사람들은 상황이 어렵게 되자 선장의 아들에게 배를 부리도록 부탁했다. 선장의 아들은 기다렸다는 듯이 나섰다. 그러나 그는 아버지에게서 배 부리는 기술에 대해 말로만 들었지 실제로 해본 경험이 없었다. 그는 뱃사람들에게 입으로만 "이렇게 해라, 저렇게 해라." 할 뿐이었다. 배는 그의 말대로 움직이지 않았다. 뱃사람들은 우왕좌왕하다가 배가 뒤집혀 모두 물에 빠져 죽고 말았다.

　　　　　　　모든 이론은 실천을 전제로 할 때에 비로소 가치가 있다. 실천 없는 이론은 아무리 화려해도 쓸모가 없다.

우리가 사는 세상에는 참으로 훌륭한 철학과 가르침이 많다. 공자나 맹자, 예수나 부처님의 교훈은 모두 이 세상의 갈등과 불화를 없애고 화합과 조화를 위한 것이다. 우리가 성인의 가르침대로만 산다면, 이 세상의 전쟁이나 투쟁은 하루아침에 사라지고 말 것이다.

그러나 이 세상에는 수많은 성현이 출현해 금과옥조(金科玉條)와 같은 말씀과 이론을 가르쳤지만 다툼과 전쟁은 끊이지 않고 있다. 역설적으로 말씀이 많고 설명이 요란할수록 세상은 더 많은 고통과 불행에 시달려 왔다.

개인의 삶도 마찬가지다. 정직하고 성실하게 살아야 한다는 것은 초등학교 때부터 배우는 덕목이다. 도둑이나 사기꾼도 정직하고 성실하게 살아야 한다는 것쯤은 알고 있다. 그러나 진실로 그렇게 살고 있는 사람은 드물다. 많은 것을 알고 이론이 복잡한 사회일수록 감옥의 숫자는 점점 더 늘어난다.

도대체 왜 이런 현상이 생기는 것일까. 수많은 사람이 지당한 말씀을 칼럼으로도 쓰고 설교도 하는데 현실은 어째서 그와 정반대로 치닫는 것일까.

대답은 간단하다. 아무도 아는 것만큼 그렇게 살지 않기 때문이다. 이론을 실천하지 않기 때문이다. 우리가 어떤 일을 할 때 쉽게 성공하지 못하는 이유는 방법이나 이론을 몰라서가 아니다. 그렇게 되도록 부지런히 실천하지 않았기 때문이다.

말만 앞세우기보다는 한 가지라도 실천하는 것, 이것이야말로 무엇보다 중요한 것이다.

마지막 한 개 남은 떡

어떤 부부가 떡 세 개를 나누어 먹고 있었다. 두 사람은 각기 한 개씩 나누어 먹고 하나가 남았다. 두 사람은 이 떡을 어떻게 먹을까 하다가 묘안을 짜냈다.

"말을 먼저 하는 사람은 이 떡을 먹을 수 없다."

둘은 이렇게 약속을 하고 떡을 먹기 위해 서로 눈치를 보며 입을 다물었다.

마침 그날 저녁 그 집에는 도둑이 들었다. 그는 이 방 저 방 다니며 재물을 있는 대로 다 훔쳤다. 그러나 이들 부부는 먼저 말을 하지 않기 위해 서로 아무 말도 하지 않았다.

도둑은 물건을 다 훔칠 동안 이들이 입을 꼭 다물고 있는 것을 보자, 옳다구나 하면서 남편이 보는 앞에서 아내를 범하려고 했다. 아내는 질겁을 하면서 "도둑이야!" 하고 외쳤다. 그래도 남편은 꼼짝하지 않았다. 아내는 남편에게 화를 내면서 말했다.

"이 어리석은 사내야, 떡 한 개 먹으려고 도둑이 아내를 훔치려는 것을 보고도 꼼짝하지 않는단 말이냐?"

그제서야 남편은 손뼉을 치면서 좋아했다.

"하하하, 이제 이 떡은 내 것이다. 너는 먹으면 안 된다."

어떤 것에 가치를 두고 사는가는 그 사람의 삶의 태도를 결정하는 중요한 요소다. 학문하는 사람은 단칸 셋방에 살아도 책 없이는 살 수 없다. 그러나 물질적 풍요가 행복의 척도라고 생각하는 사람은 집이 넓으면 넓을수록 비싼 가구로 치장을 하려고 한다.

그가 어떤 생각을 하고 사고 사람인가는 그가 살고 있는 공간, 그가 입고 있는 옷차림새로 쉽게 알 수 있다. 정신적 가치를 소중하게 여기는 사람은 외양이나 물질에 크게 신경 쓰지 않는다. 수천만 원을 호가하는 가구도 없고 입고 있는 옷도 수수하다. 수치를 가리고 체면이 깎이지 않을 정도로 만족한다. 그런 치장을 할 경제력도 없지만, 있다고 하더라도 그런 것에 돈을 쓰는 일에 익숙하지 않다.

반대로 물질적 가치에 비중을 두는 사람은 가급적 겉모양을 호사스럽게 꾸민다. 마치 남에게 과시할 것이라고는 돈밖에 없다는 듯 모든 것을 최고로 꾸민다. 그들의 척도는 물질적 호사뿐이다.

순결에 관해서도 그렇다. 어떤 사람은 남자든 여자든 순결은 반드시 지켜야 한다고 생각한다. 옛날의 처녀들은 순결을 잃는 것을 목숨을 잃는 것과 같이 생각했다. 부인들도 마찬가지였다. 그러나 요즘 와서는 생각이 많이 달라진 것 같다. 성(性)개방 풍조가 세계적인 현상이 되면서 이제 개인의 순결 문제는 그 사람의 자유에 속하는 것이 되고 말았다.

〈은밀한 유혹〉이라는 미국 영화는 100만 달러를 위해 아내를 빌려주는 해괴한 소재로 관심을 모았다. 더 망측한 것은 이 영화를 본 많은 여자들이 '남자배우와 같은 미남이 유혹한다면'이라는 단서를 달며 유혹에 넘어가겠다는 의견을 보인 점이다.

가난한 사람, 배고픈 사람에게는 한 개의 떡, 한 푼의 돈이 순결보다 중요할 수 있을지도 모르겠다. 그리고 순결이 더 중요한지 돈이 더 중요한지는 전적으로 개인의 판단에 맡겨야 할 것인지도 모른다, 그러나 여기서 한 가지 간과해서 안 될 것은, 작은 이익을 취하려다 큰 손실을 보는 어리석음을 범해서는 안 된다는 것이다. 어떤 것이 참으로 중요하고 가치 있는 것인지 깊이 생각해볼 일이다.

남을 해치려는 마음

한 사나이가 있었다. 그는 어떤 사람을 몹시 미워했다. 어떻게 하든 그를 해치고 싶었으나 방법이 없었다. 그는 그 일로 하여 더욱 괴로워했다. 그때 한 사람이 그에게 말했다.

"당신은 왜 언제나 그렇게 시름에 잠겨 있는가. 무슨 일인지 말해보라. 어쩌면 좋은 방법이 있을지 모른다."

"어떤 사람이 있는데 그는 언제나 나를 헐뜯고 모함한다. 그러나 내 힘으로는 그에게 보복할 수 없다. 그러니 내가 속이 편하겠는가. 그 방법을 몰라 더욱 속이 상한다."

이 말을 들은 사나이는 말했다.

"방법이 아주 없는 것은 아니다. 사흘 밤낮을 비타라 주문(呪文)을 외우면 그를 해칠 수 있다. 그렇지만 한 가지 걱정이 있다. 그 주문은 남을 해치기도 하지만 자신도 해치게 된다. 그래도 괜찮겠는가?"

사나이는 그 말을 듣고 매우 기뻐하면서 말했다.

"내게 그 주문을 가르쳐주기만 하시오, 비록 일이 잘못돼 스스로를 해치는 경우가 생긴다 해도 후회하지 않을 것이요."

 사람이 싸울 때나 남을 모욕 줄 때, 그 표정과 행동을 뒤에서 관찰해보면 매우 재미있는 모습을 발견할 수 있다. 그는 우선 얼굴이 험악하게 일그러진다. 눈동자는 동그랗게 힘을 모으고, 양 볼이 실룩거린다. 그리고 얼굴은 전체적으로 벌겋거나 하얗게 변한다. 그런 다음에는 호흡이 거칠어지고 입에서는 평소에 듣지 못하던 욕설이 쏟아져 나온다.

남을 헐뜯거나 모욕을 줄 때는 더욱 묘하다. 눈꼬리를 아래위로 움직이면서 표정을 뱀처럼 차갑게 만든다. 자신이 조금이라도 우위에 있다고 판단되면 거만하고 잔인한 표정을 짓는다. 이런 표정은 두말할 것도 없이 그러한 감정이나 생각이 반영된 것이다.

그러나 생각해보면 이것은 남을 상하게 하기는커녕, 오히려 자신을 상하게 하는 자해(自害) 행위에 지나지 않는다. 어떤 사람이 독사처럼 표독스러운 모습을 보인다면, 그는 그 순간 독사와 같은 인간이 될 것이다. 싸움닭처럼 푸드득거렸다면 그는 사람이 아니라 싸움닭이 된 것이다.

인간이 인간 본래의 모습을 잃어버리고 독사나 싸움닭으로 변했다면, 그것처럼 큰 자해 행위는 없다. 생각해보라. 인간이 아무리

죄를 많이 지었더라도 그가 독사나 싸움닭 같은 존재로 변했다면 그것보다 더 큰 손해가 어디 있겠는가.

남을 해치거나 모함하는 일은 이처럼 스스로를 먼저 해치지 않고는 불가능하다. 그것은 마치 진흙탕 속에 떨어진 떡 한 개 집으려고 진흙탕 속에 손을 넣는 것과 같다. 떡을 잡으려다가 먼저 손부터 더럽히는 것이다.

어디 그뿐인가. 진흙탕 속에서 집어 올린 떡이란 아무리 씻어도 더러움을 어쩌지 못한다. 남을 해치기보다는 참는 것이 더 이익이란 가르침은 고상한 도덕이기에 앞서 현실적 이해관계로 따져도 절대 손해 보는 일이 아니다.

이상한 미풍양속

북인도에 살던 사람이 남인도로 갔다. 거기서 오래 살다 보니 북인도로 다시 돌아갈 필요가 없었다. 그는 그곳에서 어떤 여자를 아내로 맞아 부부가 되었다.

아내는 남편을 위해 여러 가지 맛있는 음식을 차렸다. 남편은 음식을 보자 이것저것 가리지 않고 허겁지겁 음식을 먹었다. 어떤 음식은 아직 식지 않아 뜨거운데, 그것도 가리지 않았다.

아내는 이상하게 여겨 남편에게 말했다.

"여보, 여기는 북인도와는 달리 도적이 덤벼들어 아내를 겁탈하는 일도 없고 재물을 빼앗아 가는 일도 없는 곳이에요. 그런데 무슨 급한 일이 있기에 그렇게 허겁지겁 음식을 드시는지요. 그러다가 뜨거운 국물에 입을 데고 잘못하면 체하겠어요. 좀 천천히 드세요."

남편은 아내의 만류를 듣고 말했다.

"그 이유는 밥을 먹은 뒤에 가르쳐주겠소."

남편은 허겁지겁 식사를 마친 뒤 아내에게 그 이유를 설명했다

"우리 할아버지, 할아버지의 할아버지 때부터 항상 식사를 빨리 해 왔소. 왜냐하면 빨리 먹어치우지 않으면 식사를 도적에게 빼앗길지도 모르기 때문이오. 나는 지금 그것을 본받고 있는 것이오."

설명을 들은 아내는 "여기는 도적들이 나오는 북인도가 아니다."라고 재차 말했다. 그러나 남편은 조상 때부터 지켜온 습관을 지키는 것이 좋다면서 버릇을 고치려 하지 않았다.

 조상 대대로 이어받은 미풍양속을 지켜 간다는 것은 아름다운 일이다. 어른을 만나면 공손하게 머리를 숙여 인사하고 남의 집을 방문할 때는 옷매무새를 단정하게 가다듬는 일, 좋은 음식이 있으면 이웃과 조금이라도 나누어 먹고, 어려운 일이 생기면 서로 도와주는 품앗이 같은 미풍양속은 어디에 내놔도 자랑스러운 전통이다.

그러나 옛것이라고 해서, 또 조상이 물려준 것이라고 해서 다 소중하게 지켜야 하는 것은 아니다. 그 가운데는 버려야 할 유산도 적지 않다. 예를 들어 육체노동을 하는 사람은 천하고 붓대를 놀리는 사람은 귀하다는 식의 직업관, 부모의 사체(死體)를 화장하는 것은 불효이고 매장을 해야 효도라는 생각, 남편은 외도를 해도 괜찮고 여자는 질투를 하면 안 된다는 남존여비 사상 등은 그 본뜻이

어디에 있든 바람직한 것이 아니다.

　미풍양속이란 시대와 사회환경의 산물이다. 그 자체는 어떤 경우에도 변할 수 없는 가치를 지니는 것이 아니다. 다시 말해 시대와 사회환경이 바뀌면 얼마든지 바뀔 수도 있다는 것이다.

　옛날에는 두루마기에 의관(衣冠)을 갖추는 것이 예의였다. 하와이에 가면 경장(輕裝)을 하는 것이 예의다. 미풍양속이란 이런 것이다. 무조건 옛것을 버릴 일도 아니지만 그렇다고 옛것이라면 무조건 훌륭하다는 생각은 '문화적 지체'를 초래하기 쉽다.

어느 하인의 과일 심부름

주인이 하인에게 심부름을 시켰다.

"좋은 암바라 열매가 먹고 싶구나. 아랫마을에 가면 암바라 과수원이 있으니 그곳에 가서 맛있고 잘 익은 암바라 열매를 사오너라."

하인은 주인의 명대로 과일을 사러 갔다. 과수원집 주인은 손님을 반기면서 자기네 과수원의 과일을 자랑했다.

"우리집 과수원의 과일은 모두 맛있는 것뿐이오. 나쁜 것이 하나도 없소. 하나만 맛보면 알 수 있소."

그러나 하인은 과수원집 주인의 말을 믿을 수가 없었다.

"어떻게 하나만 먹어보고 다른 것이 맛있는지 없는지 알 수 있겠소. 나는 하나하나 모두 먹어보고 사겠소."

하인은 암바라나무 열매를 따서 하나하나 직접 맛을 본 뒤 그것을 사가지고 집으로 돌아왔다. 이것을 본 주인은 몹시 화를 냈다.

"누가 먹다 남은 과일을 사오라고 했느냐. 당장 내다버려라."

"주인어른, 이것은 제가 하나하나 모두 맛을 본 과일입니다. 모두 맛있는 것만 골랐습니다."

주인은 어이가 없어 하인을 내쫓고 말았다.

 제조업 분야에서 실시하는 품질 검사 종류는 매우 다양하다. 원자재가 입고되면 먼저 원자재검사를 하고 생산공정에 들어가면 공정마다 다시 공정검사가 이뤄진다. 마지막으로 출고하기 직전에 또 출고검사를 한다.

검사방법도 매우 다양하다. 모든 검사대상을 하나도 빼놓지 않고 실시하는 완전검사, 부분적으로 샘플을 채취해 실시하는 샘플검사가 있다. 완전검사는 그야말로 모든 대상을 놓고 실시하는 것이므로 완벽하긴 하지만, 시간이나 능률에서는 손해다. 이에 비해 샘플검사는 대상을 무작위로 추출해서 실시하는 만큼 효율적이긴 하지만, 개중에는 불량품을 그대로 내보낼 우려가 있다.

생산공정에서 실시하는 품질검사는 완전검사가 아니라 샘플검사인 경우가 많다. 그러다 보니 개중에는 불량품이 섞여 나오기도 한다. 소비자 입장에서 보면 이것은 매우 불만스러운 일이다. 모처럼 마음먹고 산 제품에 결함이 있다면 얼마나 속상하겠는가.

품질 문제는 제조업과 같은 2차산업뿐만 아니라 농업과 같은 1차산업 분야에서도 중요하다. 맛있는 농산물, 영양가 높은 농산물은 농업 생산물의 품질에서 빼놓을 수 없는 조건이다. 그런데 요즘은 여기에 덧붙여 '농약 잔류량이 어느 정도냐'가 더 중요한 조건으로 등장하고 있다. 우리가 주식으로 삼고 있는 쌀은 물론이거니와 과일·야채류에서 농약 잔류량이 기준치를 넘고 있어서 사회적인 문제가 되고 있다.

농사짓는 사람들이 농산물에 농약을 뿌리는 것을 전혀 이해 못할 바는 아니다. 성장을 촉진시키고 해충으로부터 보호하기 위해 불가피하다는 주장도 있다. 그러나 아무리 생산성이 중요하다 해도 그것은 사람의 건강이나 목숨과 바꿀 수는 없는 노릇이다.

계절이 바뀔 때마다 사람들이 즐겨 먹는 참외·딸기·사과와 같은 과일에 농약 냄새가 나서 못 먹고 버리는 예가 허다해지는 현실이다. 외국에서 수입하는 농산물에도 잔류 농약이 많이 남아 있고, 발암물질이 검출되기도 했다는 보도도 있다.

이런 농산물이라면 샘플검사만으로는 부족하다. 주민의 건강과 생명을 생각한다면 우화 속에 나오는 하인처럼 완전검사가 필요할지도 모르겠다.

여섯째 마디

종교는 남에게 눈물을 흘리게 해 내가 이기기보다는
내가 눈물을 흘려 남을 이기게 하는 가르침이다.
현실적 이해관계가 어떻든 종교가 찾아낸 최선의 결론은 이것이다.

_ 원숭이의 엉뚱한 화풀이 중에서

어리석은 중도(中道)의 길

옛날에 어떤 남자가 두 사람의 아내를 맞이했다. 그런데 두 여자들은 서로가 상대방을 심하게 질투하여 남편을 못살게 굴었다. 남편이 왼쪽 아내에게 눈길을 돌리면 오른쪽 아내가 화를 냈고, 오른쪽 아내에게 눈길을 돌리면 왼쪽 아내가 화를 냈다. 그래서 남편은 밤에 잠을 잘 때도 좌우에 아내를 눕히고 자신은 가운데 누워서 꼼짝도 하지 않기로 약속을 했다.

어느 날 밤 큰비가 쏟아졌다. 집이 낡아서 천정 사이로 빗물이 새어 들어왔다. 그 빗물은 남편의 얼굴로 쏟아졌다. 그래도 남편은 약속을 지키기 위해 좌우로 꼼짝도 하지 않고 가만히 누워 있었다.

빗줄기는 더욱 거세졌다. 좌우에 누워 있던 두 아내는 비를 피해 일어나 다른 곳으로 도망을 했다. 그렇지만 남편은 가만히 누워 있었다. 그 사이 빗물이 지붕의 흙을 담고 내려와 남편의 얼굴 위로 떨어졌다. 그리하여 끝내는 두 눈을 실명하게 되었다. 도망간 두 아내는 남편이 실명했다는 소식을 듣고도 돌아오지 않았다.

 불교의 중도(中道)를 말할 때 흔히 범하기 쉬운 오류는 '좌도 우도 아닌 중간 상태'라는 해석이다. 그러나 이것은 중도의 참뜻을 왜곡한 것이다.

구체적 현실에서 좌와 우의 중간 상태란 있을 수 없다. 예를 들어 어떤 사람이 "나는 도로의 중앙으로 간다."고 말하더라도 앞에서 트럭이 온다면 좌우 어느 쪽인가로 피해야 한다. 상태개념으로서의 '중간'이 갖는 환상과 허구성은 이와 같다.

불교에서 중도를 설명할 때 '변(邊)을 떠나 가운데 처한다(離邊處中)'는 말은 좌우의 중간이란 뜻이 아니다. 참(眞)·실재(實在) 또는 이상에 도달하기 위한 좌우를 부정하는 일종의 부정의 다이너미즘(dynamism)이다. 다시 말해 불교의 중도는 두 사물의 중간이라고 하는 기하학적 상태개념이 아니라 양 극단을 부정하는 역학적 기능개념이다. 여기에서는 당연히 기존의 가치체계를 부정함은 물론, 나아가서 이렇게 해도 저렇게 해도 좋다는 식의 체제순응적 논리가 거부된다.

모순의 현실을 방관하고 체제 온존·순응의 논리로 중도개념을 해석하는 것은 잘못이다. 중도가 이것도 저것도 아닌 중간논리로서 전개될 때 거기에는 당연히 이래도 좋고 저래도 좋다는 무정견

(無定見)이 나타날 수밖에 없다. 그런 논리는 강자에게는 미덕이었으나 역사발전의 측면에서는 악덕이었다.

불교의 중도는 삶의 진실에 도달하기 위한 부정의 논리다. 그것은 중립(中立)이 아니라 독립(獨立)이고 정립(正立)이다.

극단의 악덕이 공공연히 횡행하고 현실에서 반대와 저항을 포기한다면 결과적으로 악덕에 가담하는 꼴이 된다. 중도는 이 같은 악덕에 대해 저항의 미덕으로 대결하고 정화시키는 작업이다. 잘못된 것을 눈감아주는 변명으로서의 '중도론'은 사라져야 한다. 그것은 불교의 본뜻도 아니고 현실을 개혁하는 데 아무 도움도 주지 못한다.

입이 찢어진 까닭

어떤 가난한 사람이 아내와 함께 처갓집에 다니러 갔다. 마침 처가에서는 쌀을 찧고 있었다. 이를 본 사내는 얼른 쌀 한 줌을 훔쳐 입에 넣었다.

그때 아내가 남편에게 와서 말을 걸었다.

"여보, 처가에 오니 기분이 어때요. 오늘 저녁에는 맛있는 떡을 만들어준대요."

아내가 다정스럽게 말을 걸었지만 남편은 대답을 하지 못했다. 말을 하면 입에 한 입 문 쌀이 나올 것이므로 아내 보기가 창피해서 입을 꼭 다물었기 때문이었다.

아내는 남편이 말을 하지 않는 것을 이상히 여겨 손으로 어루만져보았다. 남편의 볼은 입 속에 가득한 쌀 때문에 딱딱해졌다. 아내는 남편의 입 안에 종기가 생긴 줄 알고 아버지에게 말했다.

"아버지, 큰일났어요. 남편이 여기에 오자 갑자기 입안에 종기가 나서 전혀 말을 할 수 없게 됐어요. 어떻게 좀 해 주세요."

아버지는 의사를 불러 치료를 하게 했다. 의사는 사나이의 입을 만져보고 수술을 해야 한다고 했다. 의사는 칼을 들고 사나이의 입을 쨌다. 그러나 입에서는 하얀 생쌀이 쏟아져 나왔다. 입에 종기가 난 것이 아니라 쌀을 물고 있었던 일이 밝혀져 사나이는 창피는 창피대로 당하고 공연히 입만 쨰는 고통을 당하고 말았다.

거짓말의 속성은 갈수록 거짓말이 늘어나는 데 있다. 다른 사람을 속이려고 한 번 해 놓은 거짓말을 계속 진실로 위장하기 위해서는 거짓말을 거듭해서 늘어놓아야 하기 때문이다. 거짓이 탄로날 것이 두려워 늘어놓는 거짓변명은 계속 새끼를 쳐야 한다. 또 다른 거짓변명이 뒷받침되지 않으면 금방 시효가 소멸된다.

이렇게 남에게 쉴 새 없이 거짓말을 늘어놓는 일은 본인에게도 무척 피곤한 일이다. 언제 탄로날지 몰라 전전긍긍하는 꼴이 어찌 유쾌하고 편한 일에 비교될 수 있겠는가. 이것을 알면서도 거짓에서 벗어나지 못하는 까닭은 자기가 뽑아낸 고치에 갇혀 버린 누에처럼 거짓의 집에 둘러싸이기 때문이다.

거짓말의 괴로움, 잘못된 일의 괴로움에서 벗어나기 위해서는 용기가 필요하다. 당장은 얼굴이 붉어지고 몸둘 바를 모를 지경이 된다고 하더라도 그것을 두려워하지 말아야 한다. 초기 단계에서 거짓과 잘못을 인정하고 사실과 진실을 밝히지 않으면 나중에 틀림없이 더 큰 후환을 당한다.

거창하게 '역사의 진실' 운운할 필요도 없다. 이런 어려운 꼴을 당하는 사람들을 우리 주변에서 흔히 볼 수 있다. 그들은 모두 용기가 없었다. 용기만 있었다면 설사 거짓말을 했더라도 그 다음 단계에서 진실을 털어놓으면 훨씬 고통의 시간이 줄어들었을 것이다.

거짓말은 나쁜 것이다. 그러나 그보다 더 나쁜 것은 끝까지 거짓말로 남을 속이려는 것이다. 그러면 그럴수록 남도 괴롭지만 자신도 괴롭다.

겁쟁이의 무용담

어떤 사람이 검은 말을 타고 전쟁터로 싸움을 하러 나갔다. 살벌한 싸움이 벌어지는 것을 본 그는 두려움에 떨며 감히 싸울 생각을 하지 못했다.

병사들은 피를 흘리며 쓰러져 갔다. 그는 말에서 내려 남의 피를 얼굴에 칠하고 시체 옆에 쓰러져 죽은 척했다. 싸움이 계속되는 동안 그는 그렇게 있었다. 그 사이에 그가 타고 갔던 말은 다른 사람이 빼앗아 가버렸다.

싸움이 끝나고 병사들이 돌아가기 시작했다. 그도 집으로 돌아오기 위해 시체들 사이에서 슬그머니 일어났다. 그리고는 죽은 흰말의 꼬리를 베어서 집으로 돌아왔다.

그가 집으로 돌아오자 사람들이 전쟁터의 얘기를 물었다. 그는 거짓말로 자신의 무용담을 늘어놓았다.

"그때 내 말이 적군의 창에 찔려 죽었다. 나는 애통해서 그 말의 꼬리를 잘라서 이렇게 가지고 왔다."

그러자 그의 거짓 무용담을 듣던 사람들이 말했다.

"당신의 말은 원래 검었는데, 그 꼬리는 왜 흰가?"

그는 대답하지 못했다.

 남자들 서넛만 모이면 빠지지 않고 등장하는 화제가 한 가지 있다. 군대 시절에 겪었던 무용담, 체험담이다. 이 얘기만 나오면 남자들은 상기된 얼굴로 자기가 체험한 힘들고 어려웠던 얘기를 늘어놓는다. 마치 그 자리에서 그런 얘기를 할 수 있게 된 사실 자체가 기적에 가까운 일이라는 식이다.

물론 젊은 시절 남자들이 겪은 군대 시절의 얘기는 매우 특이한 것이다. 또 각자의 경험이 다르기 때문에 듣는 사람은 흥미진진할 수밖에 없다. 얘기는 극적으로 아슬아슬하고 힘들었던 소재가 많으면 많을수록 좌중의 귀를 모으게 한다.

그러다 보니 말하는 사람은 입에서 침을 튀기면서 열을 내게 마련이고 풍선처럼 부풀려 이야기하는 것이 보통이다. 때로는 다른 사람의 경험이 자신의 경험인 것처럼 둔갑하기도 하고, 때로는 사건의 본질을 전혀 반대의 결론으로 왜곡하기도 한다. 군대에서 끗발 없었던 사람 없고, 모진 고참을 만나 고생 안 한 사람이 없다. 그리고 그 어려움을 자신의 용기로 또는 과감성으로 극복하지 않은 사람이 없다.

하긴, 혈기왕성한 젊은 남자들이 겪은 군대 생활은 견디기 힘든 고통도 많고, 지루하고 따분한 시간이었을 수도 있다. 그러나 그것이 정말 죽음과 맞바꿀 정도의 힘든 것이었던가. 그렇다면 살아서 돌아온 사람들은 모두 영웅이다. 그러나 사실은 반드시 그렇지만은 않다. 솔직히 말하면 그것이 과장되어서 그렇지 다 견딜 만하다.

군대 생활의 경험뿐만 아니라 다른 일도 마찬가지다. 어려운 일일수록 과장이 따른다. 과장이 반드시 나쁜 것은 아닐 것이다. 그러나 과장이 지나치면 거짓이 되고, 거짓말은 아무리 재미있어도 듣기에 거북하다. 듣기 거북한 말을 맨송맨송한 얼굴로 한다면 인격적으로도 훌륭한 사람이 아니다.

세수하기 싫은 사나이

이상한 나라가 있었다. 그 나라 사람들은 도무지 몸을 깨끗하게 씻는 것을 싫어했다. 사람들의 얼굴은 항상 지저분하고 몸에서는 고약한 냄새가 났다. 어떤 사람은 부스럼이 나서 고생을 하기도 했다.

그 나라에 새로운 왕이 등극했다. 왕은 온 나라 사람들이 게을러 몸을 씻지 않는 버릇을 고치기 위해 어명을 내렸다.

"이제부터 이 나라 안에 사는 모든 백성은 아침저녁으로 몸을 깨끗이 씻어야 한다. 만약 몸을 깨끗이 씻지 않아 지저분하거나 더러운 냄새를 풍기는 사람이 있으면 관리를 시켜 온갖 괴로움을 줄 것이다."

그러자 백성들은 어명대로 아침저녁 몸을 깨끗이 씻었다. 목욕도 자주했다. 그랬더니 부스럼 같은 질병도 사라졌다.

그런데 어떤 게으른 사람이 왕의 명령을 귀찮게 여겼다. 그래서 빈 물통을 남에게 보이면서 "나는 이 물통의 물을 다 쓸 정도로 깨끗이 씻었다."고 거짓말을 했다. 그렇지만 옆에서 보기에도 그는 전혀 얼굴이며 손발을 씻은 것 같지 않았다. 옆에 있던 사람이 자기의 물통에 들어 있던 물을 그에게 나누어주면서, "국법을 어겨 괴로움을 받지 말고 어서 씻으라."고 권했다. 그러나 그는 그 물통의 물을 쏟아버리면서 이렇게 말했다.

"나는 이미 깨끗이 씻었다. 너나 깨끗하게 씻어라."

사람은 누구를 막론하고 잘못을 저지를 수 있다. 의식적으로 잘못하는 경우도 있지만 무의식적으로도 잘못하는 경우가 있다. 사실대로 말하면 잘못을 저지를 수밖에 없는 것이 사람이다. 만약 잘못을 저지르지 않는 사람이 있다면 그는 이미 죽은 시체이거나 인형일 것이다. 잘못은 마치 그림자나 발자국과 같아서 사람으로서 삶을 살아가는 동안 불가피한 것이다.

잘못은 누구나 저지를 수 있다. 그러나 잘못한 행위 자체가 정당하거나 합리화될 수 있다는 뜻은 아니다. 잘못은 어디까지나 잘못이다. 따라서 잘못이나 허물을 범했을 때는 빨리 반성하는 자세가 중요하다. 만약 어떤 사람이 잘못을 범했으면서도 뉘우치고 반성하지 않으면 도덕적으로 타락의 수렁에서 벗어나지 못하게 된다.

잘못을 뉘우치는 행위를 불교에서는 참회(懺悔)라고 한다. 참회란 6조 혜능대사의 설명을 빌리면 "지나간 잘못에 대하여 반성하고 앞으로는 두 번 다시 허물을 범하지 않겠다는 다짐"이다. 이러한 참회가 없을 때 그는 참다운 불자라고 할 수 없다.

그런데 자기 잘못을 인정하지 않고 반성과 참회에도 인색한 사람이 있다. 누가 잘못을 지적하면 감사하기보다는 오히려 얼굴을 붉히며 화를 내기 일쑤다. 뿐만 아니라 자기는 잘못한 것도 없고 참회할 것도 없다고 강변하려 한다. 이는 인간의 속성이 워낙 자기중심적이고 이기적인 데에서 기인한다.

모든 것을 자기중심적으로 생각하다 보면 자신의 잘못에 대해서는 관대하면서 남의 잘못에 대해서는 엄격해진다. 인격적으로 용렬한 사람일수록 이런 태도는 더욱 심하다. 그는 다른 사람이라면 다 부끄러워하는 일을 부끄러워하지 않는다. 그의 인격의 전부를 차지하는 것은 뻔뻔스러움뿐이다.

뻔뻔스러운 사람과 같은 하늘 아래서 얼굴을 마주보며 지내야 하는 것은 고통이다. 이 고통을 없애기 위해서는 도덕적인 '표준거울'을 걸어두는 수밖에 없다. 자신의 얼굴이 남과 비교해 얼마나 추악한지 비춰보도록 하는 것이다. 그래도 일이 뜻대로 안 된다면 그를 상대하지 않고 외롭게 만들어주면 된다. 자기가 외로워지면 왜 외로운지에 대한 깨달음을 얻게 될 터이므로.

엉터리 조언

항아리에 곡식을 가득 담아 둔 사람이 있었다. 어느 날 난처한 일이 새겼다. 낙타가 항아리에 머리를 넣고 곡식을 먹다가 머리를 빼지 못하는 것이었다. 그는 백방으로 낙타가 항아리에서 머리를 빼도록 노력했지만 모두 허사였다.

낙담해 있는 그에게 한 노인이 찾아왔다.

"왜 그렇게 어두운 표정을 하고 있는가."

"낙타가 항아리에 머리를 넣고 곡식을 먹다가 머리를 빼지 못해서 입니다."

"그런 일이라면 걱정할 것이 없소. 내가 방법을 일러주리다."

노인은 그에게 낙타의 목을 베라고 가르쳐주었다. 그는 노인의 말대로 칼로 낙타의 머리를 베었다. 그때 낙타가 발버둥을 쳤기 때문에 항아리는 항아리대로 깨지고, 낙타는 낙타대로 죽어버리고 말았다.

자동차가 홍수를 이루면서 호황을 누리는 곳이 있다. 자동차 정비공장이다. 옛날에는 운전자가 어느 정도 스스로 정비를 할 줄 알았지만, 요즘은 자동차 정비지식이 전혀 없는 운전자들이 대부분이다. 이들은 운전면허만 달랑 따 가지고 운전을 하기 때문에 고장이라도 생기면 정비공장을 자기 집 안방 드나들 듯 한다.

그러나 자동차 정비공장에 가본 사람들의 한결같은 인상은 뭔가 바가지를 쓴 것 같은 기분이 든다는 것이다. 오일교환이나 연료주유 같은 것이야 정해진 가격이 있고 누구나 알 수 있는 일이지만 정비에 관해서는 '절에 간 색시'다. 그러다 보니 시키는 대로 할 수밖에 없다.

문제는 여기에 있다. 운전자의 자동차 정비에 대한 무지를 악용해 쓸데없이 이것저것 부품을 갈고 바가지를 씌우는 것이다. 나중에 다시 고장이 나서 다른 공장에 가보면 금방 탄로가 난다. 정격(正格)의 새 부품을 갈아 끼웠다는 것이 오히려 나쁜 중고품을 끼워 넣고, 그래서 자동차를 더 나쁜 상태로 만들어 놓았다는 것이다.

어려움에 빠진 남을 도와주는 것은 아름다운 일이다. 남의 어려움을 나 몰라라 하는 것처럼 나쁜 일도 없다. 하지만 남을 도와주거나 충고를 해주려면 도움을 받는 사람에게 구체적인 이익이 돌아가도록 하는 것이 중요하다. '내 일이 아니니까' 하고 무책임하게 이렇게 해라 저렇게 해라 해서 오히려 낭패를 보게 하는 경우가 생긴다. 함부로 아무 말이나 했다가 더 큰 어려움에 빠지면 그 책임을 누가 져야 하는가.

아름다운 병에 걸린 농부

　어떤 농부가 있었다. 하루는 도시에 나갔다가 그 나라의 공주를 보게 되었다. 공주는 매우 아름다웠다. 농부가 지금껏 보았던 어떤 여자와도 비교가 되지 않을 만큼 출중한 미모였다.

　집으로 돌아온 농부의 눈에는 공주의 아름다운 얼굴이 눈에 아른거렸다. 그는 공주와 한 번만이라도 사랑을 나누고 싶은 생각 때문에 밥도 먹을 수 없었고 잠도 이룰 수 없었다.

　하루가 지나고 이틀이 지나도 마찬가지였다. 얼굴빛은 노래지고 병까지 들었다. 주위의 친척들이 보다 못해 그에게 물었다.

　"왜 밥도 안 먹고 잠도 안 자는가."

　"지난번 도시에 나갔을 때 아름다운 공주를 만났습니다. 나는 공주를 한 번 보자 사랑하는 마음이 생겼습니다. 어떻게든 공주와 하룻밤만이라도 사랑을 나누고 싶습니다. 그런데 뜻을 이룰 수 없습니다. 나는 이 뜻을 이루지 못하면 죽고 말 것입니다."

친척들은 그에게 중병이 들은 것을 불쌍히 여겨 어떻게든 소원을 성취시켜 주겠다고 약속을 했다. 그들은 며칠을 궁리한 끝에 농부를 찾아가 이렇게 설득했다.

"우리가 공주를 찾아가 너의 뜻을 전했다. 그런데 아직 공주가 너와 함께 하룻밤 사랑을 나누고 싶어 하지 않는구나."

이 말을 들은 그는 크게 기뻐하면서 이렇게 말했다.

"그렇다면 이제 공주의 마음만 돌리면 되겠구나."

 병(病)이란 육체나 정신이 정상의 상태에서 비정상의 상태로 되는 것을 말한다. 이로 인해 환자는 정신적으로나 육체적으로 심한 고통을 당한다. 만약 환자가 육체적으로나 정신적으로 고통을 받지 않는 병이 있다면 이는 굳이 병이라고 이름 붙이지 않아도 될지 모른다. 병이 병인 것은 그것이 고통을 수반하기 때문이다.

이상한 말일지 모르지만 병 가운데는 아름다운 병과 추악한 병이 있다. 추악한 병이란 누군가를 증오하기 때문에 생기는 병이다. 아름다운 병이란 누군가를 사랑하기 때문에 생기는 병이다.

추악한 병에 걸린 사람은 겉모습부터 다르다. 눈은 충혈되어 분노로 이글이글 타오르고, 혓바닥은 독사의 그것보다 무섭다. 그 무서운 증오와 분노를 삭이지 못해 몸은 불덩이처럼 달아오른다. 이에 비해 아름다운 병에 걸린 사람은 겉모양이 순하다. 마치 꿈을 꾸듯 낮은 목소리로 얘기한다. 이 세상의 온갖 사물이 향기롭고 신선하고 아름다워 보인다. 남을 해치려는 생각보다는 자신의 사랑을 누군가에게 주고 싶어 한다.

중오의 병에 걸린 사람에게는 미워하는 사람의 웃음소리조차 역겹게 들린다. 훌륭한 외모도 가증스럽게 보인다. 그러나 사랑의 병에 걸린 사람은 그 사람의 결점까지도 사랑한다. 남의 약점까지 사랑하는 병이야말로 얼마나 아름다운 병인가.

이 세상은 남을 사랑하는 아름다운 병에 걸린 사람보다 중오하는 추악한 병에 걸린 사람이 더 많다. 세상이 점점 험악해지고 추악해지는 것은 추악한 병에 걸린 사람이 점점 늘어나기 때문이다.

아름다운 병, 그것을 의사들은 상사병(相思病)이라 한다. 어떤 상대를 그리워하는 병이라는 것이다. 어떤 대상, 그것이 사람이든, 학문이든, 예술이든 또는 사업이든 진실로 그리워하는 병. 우리는 이런 병에 조금은 걸릴 필요가 있다. 그 병으로 인해 가끔은 고통스러워하더라도 나쁜 것이 아니다. 부끄러운 일은 더더욱 아니다. 참으로 부끄러운 일은 이런 병에 걸릴 일조차 없이 삭막해져 버린 우리의 삶 자체다.

무엇인가를 그리워하고 사랑하는 일. 그로 인해 가슴 졸이고 괴로워하는 사람. 우리는 먼저 이런 사람부터 그리워하고 사랑해야 하지 않을까.

수나귀에서 젖 짜기

어떤 나라의 변방에 사는 사람들은 한 번도 나귀를 본 적이 없었다. 그들은 다만 다른 사람들로부터 '나귀의 젖은 매우 맛이 좋다'는 말만 들었을 뿐이었다.

그들이 어찌어찌 해서 수나귀 한 마리를 구하게 됐다. 사람들은 수나귀를 보자 맛있는 젖을 얻고자 덤벼들었다. 어떤 사람은 머리를 잡고, 어떤 사람은 꼬리를 잡고 젖을 짜려고 했다. 누군가는 다리를 잡고, 또 다른 누군가는 귀를 잡고 젖을 짜려고 했다.

그때 어떤 사람이 나귀의 생식기를 잡고 소리쳤다.

"여기에서 나귀의 젖이 나온다."

"그래, 거기에서 젖이 나오겠다. 빨리 젖을 짜 보아라."

"잠깐만 참아봐. 그런데 젖을 어떻게 해야 나오는 거지?"

사람들은 저마다 한마디씩 하면서 그릇을 갖다 놓고 수나귀에게서 젖이 나오기를 기다렸다. 그렇지만 수나귀의 생식기를 아무리 훑어봤자 젖이 나올 리 만무했다. 사람들은 헛수고만 하고 지쳐버렸다.

초등학교 때부터 귀에 딱지가 앉을 정도로 들은 말이 '노력'이다. 선생님들은 눈망울이 초롱초롱한 어린이들을 앞에 놓고 '노력은 성공의 어머니'라고 가르쳤다.

노력은 성공의 어머니.

틀림없는 말이다. 어떤 어려운 일도 꾸준히 노력하면 성공하지 못할 것이 없다. 세상의 모든 빛나는 성공은 실로 노력의 산물이다. 카네기의 억만 재산도, 힐러리의 에베레스트 등정도, 에디슨의 발명도, 맹자의 학문도 모두 뼈를 깎는 고통을 참아가며 끈질기게 노력한 결과다. 이렇게 보면 노력의 미덕은 백만 번, 천만 번 강조해도 지나치지 않다. 아니 모자란다.

그러나 다시 한 번 찬찬히 생각해보면 무조건 노력만 한다고 성공이 보장되는가는 의문이다. 무슨 말이냐 하면, 아무리 노력을 해도 되지 않는 일이 얼마든지 있다는 것이다. 실제로 우리는 죽도록 고생을 하고 열성을 다해 노력을 기울이고도 성공은커녕 실패와 좌절의 늪에 빠지는 사람들을 수도 없이 본다. 성공한 다른 사람보다 노력을 결코 적게 기울인 것도 아닌데 성공하지 못하는 이유가 무엇인가.

원인은 두 가지다. 첫째는 처음부터 되지 않을 일을 시작한 경우이고, 둘째는 방법을 모르기 때문에 성공하지 못하는 경우다. 그리고 이 두 가지는 모두 슬기로움이 모자라는 데서 생겨난다.

처음부터 되지 않을 일은 아무리 노력해도 이루어지지 않는다. 기와를 갈아서 거울을 만든다든가, 수나귀에게서 젖을 짜려는 일은 애당초 불가능한 일이다. 고철을 녹여서 금을 만들 수는 없는 노릇이다. 방법을 몰라도 실패하기는 마찬가지다. 보리의 싹을 틔우려면 땅에 심고 물을 주어야지, 바위 위에 올려놓고 뙤약볕을 쬐게 해서는 안 된다.

분명히 될 일도 방법을 잘못 선택해 실패하는 예는 이것 말고도 숱하게 많다. 노력한 만큼 성공을 거두려면 처음부터 가능성 있는 일에 매달리는 지혜가 필요하다. 인생에서 성공하지 못하는 이유는 오직 슬기가 모자라기 때문이다. 지혜도 없고 방법도 모른 채 '노력'만 계속하면 죽을 고생만 거듭하다가 지쳐버릴 뿐이다.

내용도 모르고 하는 심부름

잠자리에 들기 전에 아버지가 아들에게 말했다.

"애야. 너 내일 나하고 산 너머 마을에 좀 다녀와야겠다. 거기 가서 나하고 같이 가져올 물건이 있다."

아들은 잠자코 아버지의 말을 듣고 잠자리에 들었다. 아들은 다음 날 아침 일어나자마자 아버지에게 물어보지도 않고 집을 나섰다. 아버지에게 어젯밤 산 너머 마을에 가자는 얘기를 들었으므로 그 마을을 다녀오기 위해서였다.

아들은 걸음을 재촉해 산 너머 마을로 떠났다. 길은 험하고 산은 높았다. 아들은 해가 지기 전에 다녀올 요량으로 부지런히 걸어서 산을 넘었다. 점심 때쯤 되어서야 마을에 도착한 아들은 발길을 되돌려 집으로 돌아오려고 했다. 아침 일찍 집을 나선 탓에 배도 고프고 다리도 아팠다. 아들은 금방이라도 쓰러질 듯한 피로를 간신히 이기고 집으로 돌아왔다.

"얘야. 너 하루 종일 어디에 있었느냐?"

아버지가 물었다.

"네. 어젯밤에 아버지께서 산 너머 마을을 다녀오자고 해서 그 마을을 다녀왔습니다."

"뭐라고, 산 너머 마을에? 그래, 무엇을 가지고 왔느냐?"

아들은 아버지의 물음에 할 말이 없어 우두커니 서 있었다.

"이 바보 같은 녀석아. 그곳에 가려면 나에게 말을 했어야지. 혼자 가서 아무것도 가져오지 못했으니 헛수고만 한 것이 아니냐. 내가 언제 너 혼자 다녀오라고 했더냐."

아버지는 혀를 차면서 아들의 어리석음을 한탄했다.

 학생이 학교를 가는 것은 공부를 하기 위해서고 농부가 밭으로 나가는 것은 씨를 뿌리기 위해서다. 주부가 시장에 가는 것은 반찬거리를 사기 위해서고 회사원이 회사에 가는 것은 일하기 위해서다. 이렇게 사람이 어떤 행위를 하는 것은 다 어떤 목적을 이루고자 해서이다.

그런데 사람들은 자주 이 점을 잊어버리고 산다. 학생이 학교를 가면서 공부에 전념하기보다는 전자오락기 앞에 앉아 놀기를 즐기고, 농부는 밭에 나가서 씨는 뿌리지 않고 막걸리타령만 한다. 주부는 시장바구니를 들고 춤방으로 향하고 회사원은 출근이랍시고

했다가 사우나탕으로 향한다. 이런 예를 들자면 한도 끝도 없다. 누구누구 할 것 없이 거의 모든 사람들이 본래 자기가 해야 할 일에는 열중하지 않고 다른 놀이에만 빠져든다.

　해야 할 일은 하지 않고 다른 일에 한눈을 팔다보면 결과는 뻔하다. 일생을 허송하고 허망한 바람만 빈손에 가득 움켜쥐게 될 뿐이다. 빈손에 가득한 바람은 누구에게도 충만한 보람을 느끼게 하지 못한다. 학생은 상급학교에 가지 못하고 농부는 가을에 거두어들일 것이 없다. 주부는 불행의 늪에 빠지고 회사원은 승진의 기회를 잃는다. 나중에 후회한들 무슨 소용이 있겠는가. 어리석고 한심스러운 일이다.

잔꾀 때문에 당하는 고통

어떤 나라의 왕이 하루는 무우수(無憂樹)가 우거진 숲에서 놀기 위해 신하에게 명령을 내렸다.

"내가 무우수 숲에서 하루 동안 놀면서 편히 쉬고 싶으니 그대가 준비를 좀 해주어야겠다. 내가 숲에서 쉬기 위해서는 앉을 자리가 필요하다. 그러니 그대가 저 궤짝을 들고 가서 숲 속에다가 자리를 만들어주기 바란다."

신하는 왕의 명령을 받기는 했으나 왠지 그 일이 썩 마음에 들지 않았다. 명색이 대신인 자신에게 그런 일을 시키다니 좀 섭섭한 생각도 없지 않았다. 그래서 신하는 꾀를 냈다.

"왕이시여, 대신 체면에 어찌 궤짝을 들고 갈 수가 있겠습니까. 차라리 등에 지고 가겠습니다.

그 말을 들은 왕은 그에게 36개의 궤짝을 지고 가라고 했다. 그는 할 수 없이 궤짝을 지고 숲속으로 들어가야 했다.

숲에는 맹수와 뱀이 사람의 접촉을 막았다. 하지만 그는 왕의 명령대로 36개의 궤짝을 숲으로 옮겨야 했다.

옛 속담에 '호미로 막을 일을 가래로 막는다'고 했다. 잔꾀 부리지 말고 작은 일을 잘 처리했으면 됐을 일을 요리조리 피하다가 도리어 큰일을 당할 수 있음을 경고한 말이다.

'설마가 사람 잡는다'고 설마설마 하다가 일을 그르친 사건이 한두 가지가 아니다. 여름철만 되면 산사태나 물난리로 아까운 생명과 재산을 잃는 피해를 당하는 것도 원인을 따져보면 호미로 막을 일을 이 핑계, 저 핑계로 하지 않아서다. 당장 눈앞의 일이 귀찮고, 작은 손해가 싫어서 차일피일 미루다가 다시는 귀찮아하고 손해 볼 일 없는 곳으로 가게 되는 것이다.

사람을 만물의 영장이라고 하는 것은 앞일을 예측할 능력이 다른 어떤 동물보다 뛰어나기 때문이다. 비가 쏟아지면 축대가 무너지고 산사태가 일어날 것을 미리미리 알 수 있는 것이 사람이다. 그럼에도 불구하고 가만히 앉아서 날벼락을 맞는 것은 설마 하는 기대심리 때문이다.

제방이 무너지는 것은 조그만 두더지 굴 때문이고 백 칸 대궐이 불타는 것도 작은 불씨 하나 때문이다. 작은 일이 큰 일을 만들고 사소한 시비가 큰 싸움이 되는 것을 왜 모른단 말인가.

남 나무랄 것 없다. 내가 살아 온 태도가 바로 그렇다. 파란 불 켜졌을 때 좌우를 살펴서 건널목으로 건너야 안전하거늘, 육교도 없는 차도를 가로질러 가는 것은 교통사고가 일어나지 않는 게 도리어 잘못된 것이다.

잔꾀 부려서 되는 일이란 별로 없다. 잔꾀 부리면 되지 않는 것이 세상살이다. 이 뻔한 이치를 잔꾀로 속이려 하다가는 백이면 백 쓰러진다. 다시는 잔꾀조차 부릴 수 없는 신세가 되기 십상이다.

잔꾀를 부리려고 하지 말아야 한다. 정말로 꾀 많은 사람은 잔꾀 부리지 않고 사는 사람이다.

의사 처방 무시한 환자

변비로 고생하는 사람이 있었다. 어느 날 그는 용한 의사를 찾아가 증세를 얘기하고 낫는 방법을 물었다.

"의사 선생님, 도대체 저는 어쩐 일인지 시원하게 배설을 할 수가 없습니다. 무슨 좋은 방법이 없을까요?"

"있죠. 그러나 좀 고통스러운데요."

"무슨 방법입니까? 시키는 대로 다 하겠습니다."

"관장(灌腸)을 해야 낫습니다."

의사는 진찰을 마치고 관장을 권했다. 그리고 관장할 약과 기구를 준비해 놓으라고 했다. 그는 의사의 지시대로 약을 준비했다. 그리고는 성급하게 그 약을 모두 마셔버리고 말았다. 장을 씻어낼 약을 먹은 그는 숨이 차고 배가 불러왔다. 숨이 막혀 죽을 것만 같았다.

의사가 와서 그에게 물었다.

"왜 그러는가?"

"관장할 약을 마셨는데, 아이고, 이렇게 배가 아프고 숨이 막혀 죽을 것 같습니다."

그 말을 들은 의사는 곧 다른 약을 먹여 토하게 한 다음 그를 나무랐다.

"이 미련한 양반아. 그것은 관장을 할 약인데 먹으면 어쩌자는 거요. 약이란 다 쓰이는 곳이 다른데 아무것이나 먹으면 오히려 큰일을 당하는 거요."

 약은 약사에게 진찰은 의사에게.

신문에 나는 약 광고 밑에 깨알 같은 글씨로 써 놓은 경고문이다. 그러나 의사에게 진찰을 받고 약사에게 약을 지어먹어야 한다는 지극히 상식적인 말이 경고문으로 나오는 걸 보면 현실은 그렇지 않은 것이 분명하다. 모름지기 모든 경고문이나 주의문은 엉뚱한 짓을 하는 사람이 많을 때 써붙이는 법이니까.

아닌 게 아니라 요즘 사람들은 병이나 약에 대해 아는 것이 너무 많다. 그러다보니 의사에게서 진찰을 받는 것이 아니라 자가진단을 하고, 약도 알아서 지어먹는다. 약국에 들어가서 약을 사는 사람을 보면 '내가 어디가 아픈데 맞는 약을 주시오.' 하는 사람이 별로 없다. 아예 '무슨 약 주시오.' 하고 말한다. 약사는 '왜 그러느냐?'고 물어보지도 않고 약을 판다.

요즘 사람들이 병이나 약에 대해서 이렇게 유식해진 것은 홍수처럼 쏟아지는 건강정보, 약 광고의 영향이 크다. 사람들은 신문이나 TV의 건강프로그램을 보면서 자신의 건강이나 병을 자가진단한다. 그리고 약 광고를 보고 약을 산다. 그것은 마치 소비자가 물건 사는 것과 같다.

그러나 병이나 약에 대해서 보통사람이 알면 얼마나 알겠는가. 설사 안다고 해봐야 신문이나 잡지에 실린 상식의 수준을 넘어설 수는 없다. 만약 그런 정도의 상식으로 병을 진단하고 약을 지을 수가 있다면 굳이 약사나 의사가 무슨 필요가 있겠는가.

약사나 의사가 몇 년 동안 특별한 교육을 받고 자격시험을 치르는 것은 그만한 까닭이 있어서다. 따라서 병이 나면 의사의 진찰을 받고 약사에게 가서 약을 짓는 것이 당연하다. 이 당연한 상식을 멋대로 무시하다가는 약화(藥禍)를 입게 마련이다.

건강이나 병, 또는 치료법에 대해 상식적으로 알아두는 것이 나쁜 것은 아니다. 모르는 것보다는 아는 것이 훨씬 낫다. 갑자기 배가 아프거나 머리가 아플 때 응급조치를 할 수 있을 정도의 상식을 갖추는 것은 생활의 지혜다. 하지만 그것은 어디까지나 '응급조치' 또는 '상식'의 수준이지 전문적인 수준은 아니다.

잘난 척할 일 따로 있고 잘난 척하지 않을 일 따로 있다. 약이나 병에 관해서는 절대로 잘난 척할 일이 아니다. 죽기를 각오했다면 모를까.

오해 때문에 생긴 일

아버지와 아들이 길을 가고 있었다. 아들은 아랫배가 무지근해지는 느낌이 들어 숲 속으로 볼일을 보러 들어갔다.

아들이 볼일을 보려고 하는 순간 숲 속에서 살던 곰이 덤벼들었다. 아들은 곰의 발톱에 상처를 입고 황급히 도망쳐 나왔다.

아들의 옷이 찢기고 상처를 입은 모습을 본 아버지가 물었다.

"어찌된 일이냐."

"네. 숲에 들어갔더니 털이 길고 시커먼 동물이 나를 해쳤습니다."

아들은 그때까지 곰을 본 적이 없었다. 그래서 '털이 시커먼 동물'이라고 자기가 보았던 것을 묘사했다.

아버지는 활과 화살을 꺼내 들고 숲으로 들어갔다. 숲에는 아들이 말한 그런 동물은 보이지 않았다. 아버지는 한참을 찾아 헤매다가 어떤 수행자를 발견했다. 그는 머리와 얼굴에 털이 무성했고 검은 옷을 입고 있었다.

'옳지. 바로 저 녀석이구나. 저 녀석이 덤벼들어 내 아들에게 상처를 입혔구나.'

아버지는 활에 화살을 먹여 그를 쏘려고 겨누었다. 그때 숲에서 나무를 하던 나무꾼이 달려와 그를 저지하면서 말했다.

"여보시오. 왜 사람을 쏘려고 하시오."

"저 털이 길고 검은 옷을 입은 녀석이 내 아들을 잡아먹으려고 했소. 저 녀석은 식인종이오."

"뭐라고? 식인종? 그건 오해요. 저 사람은 숲에서 명상을 하는 수행자요. 저 사람은 그런 일을 할 사람이 아니오. 당신은 뭔가 오해를 하고 있는 것이오."

 사람 사이의 갈등이나 불행은 오해에서 빚어지는 예가 의외로 많다. 친할 때는 간 쓸개까지 다 빼줄 것 같은 사이였다가도 작은 오해로 원수처럼 등을 돌리는 사람들을 흔히 본다.

오해란 이상한 속성을 가지고 있다. 처음에는 아주 사소하고 작은 일로 시작했다가 나중에는 감정이 증폭돼 오해는 점점 깊어진다. 한 번 깊어진 오해는 좀처럼 원상회복이 어렵다. 물증이라도 확연하게 드러나는 경우에는 다르겠지만 심증으로만 빚어진 오해는 도무지 풀어낼 실마리조차 찾지 못한다. 그리하여 마침내는 10년,

20년을 공들여 가꾸어 온 우정이나 사랑이 유리그릇 깨지듯 부서지고 만다.

인간이 가지고 있는 무형의 재산 가운데 가장 값진 것이 우정이고 사랑이다. 그 우정과 사랑이 한순간의 오해로 물거품처럼 사라진다면 얼마나 큰 손실인가. 그리고 그 아픔은 또 얼마나 크겠는가. 오해로 인해 이별과 실연을 경험한 사람이라면 그 끔찍한 결과에 몸서리를 치지 않을 수 없을 것이다.

이처럼 무서운 오해의 출발은 기실 아주 작은 착오와 성급한 판단에서 비롯된다. 조금만 더 여유를 가지고 진실이 드러날 때까지 기다렸다면, 눈앞의 상황만으로 판단하지 말고 전후좌우의 사정을 고려했다면 오해는 얼마든지 풀릴 수 있다.

누가 나를 욕하고 미워한다고 해서 즉각적으로 '이제 너와는 끝이다'라고 선언해버리는 것은 슬기로운 행동이 아니다. 그가 그렇게 말하거나 행동하는 이면에는 내가 미처 생각하지 못한 어떤 이유가 있다. 그 이유가 무엇인지 알아보고 판단해도 늦지 않다.

감정을 앞세워 이성적 판단을 하지 않고 그로 인해 두고두고 괴로워할 일을 만들지 말아야 한다. 나중에 오해가 풀리고 후회해봐야 그때는 이미 늦다.

가마 타고 짓는 농사

어떤 농부가 다른 지방에 갔다가 보리가 무성하게 자라는 것을 보았다. 농부는 그 보리밭 주인에게 물었다.

"어떻게 해야 보리를 이렇게 무성하게 할 수 있소?"

"먼저 땅을 평평하게 고르고 거기에 거름을 주지요. 그러면 땅이 비옥해져 이렇게 잘 자란다오."

주인은 친절하게 비결을 가르쳐 주었다. 그는 집으로 돌아와 곧 보리밭 주인이 일러준 대로 밭을 고르고 거름을 주었다. 그러나 자기 다리로 밟은 땅이 단단해져서 보리가 나지 않을까 걱정이 되었다.

'무슨 좋은 방법이 없을까?'

한참을 궁리하던 그는 기막힌 생각을 떠올렸다. 곧 집으로 돌아간 그는 힘 좋은 장정 네 명을 구했다. 그는 자기 집에 있는 가마를 꺼내 장정 네 명이 한 쪽씩 다리를 들게 했다. 그리고 자기는 그 가마

위에 올라가 땅에 발을 딛지 않은 채 씨를 뿌렸다. 이를 이상히 여긴 마을 사람들이 물었다.

"왜 가마 위에 올라앉아 씨를 뿌리는가?"

"평평하고 부드럽게 해 놓은 땅을 단단하게 밟지 않으려고 그러네."

마을 사람들이 혀를 차며 말했다.

"여보게. 자네의 두 다리는 흙을 밟지 않지만 자네가 걸터앉은 가마를 들고 있는 장정들은 흙을 밟고 있네. 자네의 두 다리로 밟는 것보다 장정들 네 명이 여덟 개의 다리로 흙을 밟으면 그게 더 단단해지는 것 아닌가."

   무슨 일이든지 잘하고 싶은 것은 모든 사람들의 한결같은 욕망이다. 공부하는 사람은 공부를 잘하고 싶을 것이고 장사하는 사람은 돈을 많이 벌고 싶을 것이고, 농사짓는 사람은 가을에 풍성한 수확을 거두고 싶어 할 것이다. 그러나 무슨 일이든 잘하고 싶으면 정상적인 방법을 통해야 한다. 더 잘하려고 머리를 쓰다 보면 오히려 일을 그르치는 수가 많다.

시험지를 받아든 학생이 좋은 성적을 내는 방법은 평소에 공부를 열심히 하는 것 외에 지름길이 없다. 장사하는 사람이 몇 푼 더 벌어보겠다고 손님에게 바가지를 씌우면 결국 손님들이 아예 찾아오지 않게 된다. 기껏 머리를 쓴다고 하다가 제 무덤을 판 사람이 한둘인가.

은팔찌(수갑) 끼고 감옥 가는 사람의 모습은 우리에게 많은 교훈을 준다. 그들은 비정상적인 방법으로 출세하려다가 들통이 나서 오히려 신세를 망친 것이다. 정상적인 방법으로 살았다면 그런 신세가 되었을 리 만무하다.

특별하게 머리를 쓰고 재주를 부린다고 다 좋은 것이 아니다. 세상 이치란 그럴수록 더 나쁜 결과를 초래하도록 되어 있다. 농사짓고 고기 잡는 데 뭐 그리 요란을 떨고 재주부릴 일이 많은가. 더디더라도 바르게 하고 꾸준히 하는 습관을 길러야 한다.

원숭이의 엉뚱한 화풀이

애완용 원숭이 한 마리가 있었다. 몸집도 작고 영특해서 주인의
사랑을 듬뿍 받았다.

원숭이는 주인의 사랑을 믿고 점차 버릇이 없고 방자해졌다. 틈만
나면 장난을 치고, 주인이 보는 앞에서도 오줌을 쌌다. 그래도 주인
은 늘 귀여워했다.

어느 날 주인이 먹이를 주고 우리의 문을 제대로 닫지 않았다. 원
숭이는 얼씨구나 좋아하면서 문을 열고 밖으로 나왔다. 원숭이는 우
리 밖을 마음대로 돌아다니다가 주인이 있는 방으로 들어갔다. 그리
고 방에서 오줌을 쌌다.

주인은 몹시 화를 내면서 원숭이를 사정없이 때렸다. 그리고 원숭
이를 붙들어 다시 우리 속에 집어넣었다. 우리 속에 갇힌 원숭이는
몹시 분하고 억울했다. 주인이 미웠다. 그러나 원숭이는 주인이 오면

미운 생각을 나타낼 수가 없었다. 그랬다가는 또 혼이 날까봐 무서워서였다. 대신 원숭이는 그 집의 어린애가 오면 화를 내고 미워했다. 어린애는 아직 자기를 혼내줄 수 없음을 알기 때문이었다.

가끔 신문지상에 보도되는 '원한에 의한 범죄' 사건의 시말(始末)은 잔혹하고 끔찍하다. 범죄의 대상은 대개 힘없는 부녀자나 어린이다. 이들은 영문도 모른 채 범죄자의 원한에 의해 희생된다.

범죄자가 힘없는 부녀자나 어린이를 대상으로 범죄를 저지르는 이유는 그 치졸한 비겁함이다. 범죄자는 원한의 대상에게 직접적으로 증오를 나타내지 않고 그 주변의 가족에게 화살을 돌림으로써 복수를 즐긴다.

범죄자가 이런 비겁한 방법으로 복수를 해나갈 때, 억울한 사람은 그 복수의 칼날에 쓰러지는 희생자다. 그들은 영문도 모른 채 죄 없이 희생당한다.

아무리 원한이 구천에 사무쳤다고 하더라도 죄 없는 사람에게 화풀이를 하는 것은 옳지 않다. 자신이야 원한이 많으니 어떤 식으로든 복수를 해야 한다고 할지 모르겠지만 거기에 희생되는 사람은 전혀 희생돼야 할 이유가 없는 사람들이다. 만약 입장이 바뀌어서 자신과 원한관계에 있는 누군가가 가족을 대상으로 범죄를 저지른다면 기분이 어떻겠는가.

《법구경》에 있는 부처님 말씀대로 '원한은 원한으로 갚아지는 것이 아니다'. 원한은 새로운 원한만을 낳는다. 내가 누구를 미워하면 그도 나를 미워한다. 미움은 갈수록 줄어드는 것이 아니다. 더욱 커지고 견고해진다. 그 견고한 미움은 자신을 해치고 죄 없는 사람까지 해친다. 원한을 풀어 가는 방법으로 가장 좋은 것은 먼저 용서하는 것이다. 용서란 내가 조금 손해를 보더라도, 자존심이 상하더라도, 참고 양보하는 것이다. 이렇게 말하면 '참고 양보하는 것은 항상 약자이고 억압하고 승리하는 것은 항상 강자이다. 그렇다면 약자는 언제나 희생당하고 강자는 언제나 지배하는 불평등 구조를 심화하게 된다'고 반론을 펴는 사람이 있다. 옳은 말이다. 현실적으로 이런 예는 얼마든지 많다. 그러나 어떤 이유로도 '복수'의 방법 '한풀이'의 방법으로 매듭은 풀리지 않는다. 그와는 반대로 또 하나의 매듭을 맺는 꼴이 된다.

그렇다면 역시 용서하고 참는 것이 옳다. 솟아오르는 분노를 참고 최선을 다해 정당한 방법을 찾아야 한다. 그리고 어떤 대응을 하더라도 원한을 증폭시켜서는 안 된다. 인간으로서 이것은 정말로 행하기 어려운 일이다. 하지만 행하기 어려운 일을 행하는 곳에 종교의 숭고함이 있다.

종교는 남에게 눈물을 흘리게 해서 내가 이기기보다는 내가 눈물을 흘려 남을 이기게 하는 가르침이다. 현실적 이해관계가 어떻든 종교가 찾아낸 최선의 결론은 이것이다.

달밤에 매 맞은 억울한 개

시원한 여름밤이었다. 바람은 솔솔 불고, 달은 휘영청 밝아 기분을 상쾌하게 하는 그런 밤이었다.

동네 사람들도 밖으로 나와 밝고 깨끗한 달빛 아래서 도란도란 이야기꽃을 피웠다. 아이들도 달빛을 받아가며 숨바꼭질을 하며 놀았다. 아낙들은 한여름 무더위를 식히려는 듯 냇가에서 머리를 감았다.

그때 어떤 사람이 개 한 마리를 데리고 산보를 나왔다. 개도 기분이 좋은지 이리 뛰고 저리 뛰며 좋아했다. 윗마을 어디선가에서 멀리 개 짖는 소리가 들려왔다. 그러자 여기저기서 개들이 따라 짖었다. 주인과 산보를 나온 개도 따라 짖었다.

그러자 일이 공교롭게 되느라고 갑자기 구름이 몰려와 그만 달빛을 가리고 말았다. 그러자 사람들은 하나 둘 자리에서 일어나 집으로 들어갔다. 개를 데리고 나온 사람은 이런 모습을 보고 슬그머니

화가 났다. 그는 개가 멍멍 짖어서 달빛이 구름에 가려졌다고 생각했다. 그래서 자기가 데리고 온 개를 흠씬 두들겨 팼다. 개는 좋은 달밤에 영문도 모르고 두들겨 맞았다.

 대체로 돈 많고 권력 있는 사람들은 그렇지 못한 사람들의 사정을 전혀 헤아려주지 않는다. 그들은 자기의 기분이나 생각대로 모든 일들이 이루어져야 하고 가난하고 힘없는 사람은 어떤 경우에도 자신을 위한 도구로 쓸 수 있다고 생각한다.

그들에게는 가난하고 힘없는 사람의 생활이나 생각은 전혀 참고 사항이 되지 못한다. 오직 자신들의 생각과 생활태도가 절대의 표준이다. 그렇지 살지 못하는 사람이 바보라는 식이다.

서울 강남의 부자들은 가난한 사람이 어떻게 사는지조차 모른다. 그들은 100만 원짜리 넥타이를 매고 2,000만 원짜리 명품백을 들고 1,000만 원짜리 변기에 앉아 대변을 본다. 팬티 한 장에 몇 십만 원, 땀을 닦는 데는 몇 십만 원짜리 손수건을 쓴다.

높은 자리에 있는 권력자들의 행차는 더욱 놀랍다. 그들은 음주운전을 해도 입건되지 않고, 안 되는 일도 되게 하고, 되는 일도 안 되게 만든다. 힘없는 사람이 조금만 잘못하면 잡아다가 겁을 주면서 자신들의 잘못은 쉬쉬하면서 덮어둔다.

이런 형편이고 보니 돈 있고 힘 있는 사람과 가난하고 힘없는 사람은 전혀 별종(別種)의 인간처럼 느껴진다. 이른바 위화감이란, 이렇게 지체 높고 돈 많은 사람들의 분별없는 행동, 과시적 행동에서 생겨나는 것이다.

그러나 이런 풍조가 오래가면 결코 높은 자리, 돈 많은 부자의 자리가 오래 지탱되지 못한다. '민심(民心)은 천심(天心)'이라고 아래에 사는 백성들이 마음이 불편한데 하늘이라고 무심하겠는가. 마침내 저항에 부딪쳐 언젠가는 엎어지고 무너지고 만다. 그것이 역사의 교훈이다.

잘사는 사람, 힘있는 사람들은 더 절제해야 한다. 모든 권력은 국민이 위임한 것이므로 국민을 불편하게 하는 짓은 하지 말아야 한다. 모든 경제적 부(富)는 생산노동자의 노력에 의해서 축적된 것이므로 그들을 소외시켜서는 안 된다. 못사는 사람 힘없는 사람에게 더 많이 나누어주려는 배려가 있어야 한다. 자기 기분에 맞지 않는다고 애꿎은 사람에게 화풀이하는 잘난 사람, 돈이 많다고 남의 기분은 생각하지 않고 자기 기분대로 행동하는 사람은 '나쁜 ×'이다.

일곱째 마디

성공한 사람들을 살펴보면 그들은 버릴 것은 버리고,
포기할 것은 포기할 줄 아는 슬기를 가지고 있다.
그들은 버릴 줄 알고 포기할 줄 알기 때문에 더 많은 것을 얻고
더 훌륭한 것을 이루어낸다.
부처님은 그 대표적인 인물 가운데 한 분이다.

_ 한 개 때문에 잃어버린 열 개 중에서

눈병이 무서워 눈알 빼기

어느 마을에 한 여인이 있었다. 그녀는 심한 눈병을 앓고 있었다. 어느 날 그녀와 친한 친구가 찾아 왔다가 이를 보고 말했다.

"너 눈병을 앓고 있구나. 어쩌니? 여러 가지로 불편하겠구나."

"그래. 불편한 게 한두 가지가 아니야. 무엇보다 앞에 있는 물건도 잘 보지 못하겠다니까."

그 말을 들은 친구는 걱정을 하면서 이렇게 말했다.

"그렇구나. 몹시 불편하구나. 그래서 지금 이런 생각을 했어. '나는 아직 눈병을 앓지 않고 있지만 언젠가는 앓을지도 모르니 차라리 눈을 뽑아 버리는 것이 어떨까' 하고 말이야. 그러면 너처럼 눈병으로 고생하지는 않겠지."

이 말을 전해들은 어떤 사람이 혀를 차며 말했다.

"그 친구라는 여자는 참 어리석구나. 눈이 있으면 눈병을 앓을 수도 있지만, 눈병을 앓지 않을 수도 있는 것이 아닌가. 그런데 눈병을 앓을까 두려워 미리 눈을 뽑아 버린다면, 그는 육신을 가지고 있는 동안 괴로움을 당할 것이 아닌가. 어찌 하나는 알고 둘은 모르는지.”

'건강염려증'이라는 질환이 있다. 혹시 내가 병이 든 것은 아닐까, 병이 들지는 않을까 하는 걱정이 지나쳐 병을 앓는 질환이다.

정도의 차이는 있지만 사람치고 자기 건강에 대해 염려하지 않는 사람은 없다. 특히 나이가 마흔이 넘어가면 생리구조상 여기저기 이상증세가 조금씩 나타나기 마련이다. 이럴 때쯤이면 사람들의 건강에 대한 불안은 남달리 고조된다.

건강에 대한 염려는 조금씩 달라진 신체적 이상에도 원인이 있지만, 그 외에도 지나친 건강에 대한 정보에도 원인이 있다. 신문이나 잡지, TV나 라디오에서 소개하는 자가진단법·치료법 등은 사람들에게 건강에 대한 관심을 고조시키는 데 큰 몫을 한다. 텔레비전의 요리프로그램에서 콩나물이 건강식품으로 소개되면 그날 저녁 식탁을 콩나물 반찬 일색으로 차릴 정도다. 건강에 관심을 갖는 것은 나쁜 일이 아니다. 음식 골고루 먹고, 적당하게 운동도 하고, 하루를 활기차게 생활한다면 이보다 바람직한 일이 또 어디 있겠는가. 문제는 항상 지나친 데 있다. 건강에 좋고 정력에 좋다면 구더기도 보약이고 지렁이도 정력제로 복용하려는 게 요즘 사람들이다.

좋은 음식도 많이 먹으면 탈이 나고 보약도 잘못 복용하면 병이될 것은 뻔한 이치다. 또 아무리 아등바등 건강과 정력을 챙겨봐야 '인간칠십고래희(人間七十古來稀)'라고 70세를 넘겨 살기가 힘든 것이사람의 목숨이다. 어차피 병이 들고 몸은 늙고 그리하여 마침내 죽으면 관 속에 들어가게 되어 있다. 불로초를 찾던 진시황도 죽어서흙으로 돌아간 지 오래고, 천하의 명의(名醫)를 자처하던 인도의 기바, 중국의 편작, 그리스의 히포크라테스도 결국은 죽고 말았다.

그렇다고 몸이 아프면 치료도 하지 말고 앉아서 죽음만을 기다려야 한다는 말은 아니다. 다만 너무 애면글면하면서 매달릴 일은아니라는 것이다. 모든 병은 오히려 마음의 걱정을 덜어버리는 데서 쾌차의 묘방이 나온다. 미리 눈병을 염려해 눈알을 뽑는 짓도어리석지만, 눈병이 났다고 천하를 잃은 것처럼 법석을 떠는 것은좋지 않다. 눈병은 치료하면 곧 나을 수 있다. 이렇게 믿고 불편을참고 치료하는 인내, 그것을 통해 인생을 새롭게 생각하고 배우는지혜를 터득해야 한다. 또 지나치게 건강을 염려해 오줌도 마시고지렁이도 먹어대는 꼴도 볼썽사나운 일이다. 평상심으로 제때에 골고루 잘 먹고, 운동도 하면서 생각도 밝게 갖는다면 건강염려증은씻은 듯이 사라진다. 건강법에도 지혜가 있어야 한다.

아들의 귀를 자른 아버지

아버지와 아들이 함께 길을 가고 있었다. 두 사람이 으슥한 숲길로 들어섰을 때였다. 어디선가 갑자기 도적이 나타나 그들이 가진 것을 모두 빼앗으려고 했다.

아들은 귀에 귀고리를 하고 있었다. 그것은 아버지가 아들을 위해 만들어준 황금 귀고리였다. 값도 비싸고 조각도 아름다운 훌륭한 것이었다. 아버지는 무엇보다 그 귀고리를 잃어버리면 안 된다고 생각하고 아들의 귀에 매달린 귀고리를 잡아당겼다.

그러나 귀고리는 좀처럼 빠지지 않았다. 아버지는 급한 김에 칼을 빼서 아들의 귀를 잘랐다.

조금 뒤 도적들은 아들과 아버지의 다른 물건을 모조리 빼앗아 돌아갔다. 아버지는 숲속에 던져두었던 아들의 귀를 찾아 본래 자리에 붙이려고 했다. 그렇지만 한 번 칼로 베어낸 귀는 다시 붙지 않았다.

아들은 졸지에 양쪽 귀가 모두 잘려나간 이상한 모습을 하게 되었다.

아버지가 귀 없는 아들을 데리고 집으로 돌아오자 사람들은 아들을 보고 놀라면서 '귀 없는 아들을 둔 아버지'라고 놀려댔다.

🐤🐤🐤 신문에 나는 살인강도 기사를 읽으면서 생각나는 것은 사람들에게 가장 소중한 것은 무엇일까 하는 것이다.

연애를 하고 있는 사람은 사랑이 가장 소중할 것이다. 사랑하는 사람을 얻기 위해서 부모와 의절하는 사람마저 있고 보면 과연 사랑은 소중한 것이 아닐 수 없다. 사업을 하는 사람은 돈이 소중할 것이다. 돈이 없으면 당장에 회사 문을 닫아야 한다. 그러면 사업이고 뭐고 다 끝장이다.

명예를 소중히 여기는 사람도 있다. 자신의 결백을 증명하기 위해 자살하는 사람도 있고 보면 명예도 매우 중요한 것이다.

학생들에게는 대학입시가 가장 소중한 것인지도 모른다. 밤낮없이 책상에 앉아 공부하고, 그래도 모자라서 학원에 다니고 과외까지 받는 것을 보면 대학입시가 과연 중요하긴 중요한 모양이다.

국가와 민족을 가장 소중하게 여기는 사람도 있다. 또 자식이나 남편을 가장 소중한 것으로 생각하기도 한다.

따지고 보면 이런 대상은 다 그만한 가치가 있고 소중한 것이다. 그러나 이 소중한 것 가운데 더 소중한 것은 무엇일까. 그것은 아마 사람의 목숨일 것이다. 다른 모든 것은 사람의 목숨이 붙어 있으면 잊기도 하고 생각이 달라질 수도 있다. 또 지금은 안 되도 나중에라도 해낼 수 있는 것이다. 이에 비해 사람의 목숨은 그 모든 것을 다 포함시킨다고 하더라도 바꿀 수 없다.

그런데 살인강도는 돈을 빼앗기 위해 목숨을 빼앗는다. 한 번 끊어진 목숨은 다시 이어지지 않는다. 어찌 이런 일이 있을 수 있을까. 그런데 사람들은 그런 짓을 하고도 버젓이 살아간다. 이것이 우리가 인간을 자처하면서 살아가는 세상이다.

무엇이 정말로 소중한 것인가. 그것은 개인의 가치관에 관한 문제다. 내가 가볍게 여기는 것을 남은 소중하게 여기고 그 반대의 경우도 있을 수 있다. 그러나 어떤 경우에도 내가 소중히 여기는 것을 위해 남이 소중히 여기는 것을 짓밟거나 희생시켜서는 안 된다. 내가 웃을 때 그로 인해 울고 있는 사람이 있다면 마땅히 그런 일은 하지 않는 것이 옳다. 만약 어떤 사람이 웃기 위해 나를 울린다면 나는 어떻게 하겠는가.

뜻밖에 만난 횡재

한 물리의 도적떼들이 있었다. 그들은 지나가는 행인들을 습격해 많은 보물을 손에 넣었다.

도적들은 빼앗은 재물을 똑같이 나누려고 하였다. 보물은 종류가 여러 가지였다. 도둑들은 각각 전단향, 유리, 마노, 진주, 금, 은, 호박을 나누어 가졌다. 그런데 금강석은 아직 가공도 하지 않은 데다 더러운 것이 묻어서 아무도 가지려고 하지 않았다.

도적의 우두머리는 아무도 가지려고 하지 않는 금강석을 도적 가운데 가장 못난 사람에게 주었다.

"너는 이것이나 가져라."

"두목님, 그러면 저는 손해가 큽니다."

"싫으면 갖지 않아도 된다."

우두머리가 금강석을 다시 거두어 가려고 하자 못난 사람은 그것이라도 받지 않으면 손해일 것 같아 어쩔 수 없이 받았다.

못난 사람은 곧 그것을 가지고 마을로 내려가 보석상을 찾아가 팔았다. 보석상이 보니 그 어떤 보석보다 값진 금강석이었다. 보석상은 값을 비싸게 쳐서 그것을 샀다. 못난 사람이 받은 돈은 다른 사람이 받은 액수의 곱절이 넘었다. 그제서야 못난 사람은 횡재했다고 좋아했다.

　　　　　우리는 가끔 겉모습만으로 모든 것을 판단하려고 한다. 기능이나 품질은 저급한데 겉모양만 화려하고 번듯하면 좋은 것이라고 믿는다. 사람들의 이러한 심리를 이용해 발달한 것이 광고술이다. 속은 그야말로 별 볼일 없는데 포장만 요란하게 해서 '최고'라고 선전하면 소비자는 깜빡 속아넘어간다. 물론 모든 광고가 다 그런 것은 아니겠지만 대체로 광고는 과장된 측면이 많다. 그래서 사람들은 광고를 그대로 믿기보다는 그냥 정보를 입수하는 통로로 믿으려는 경향이 있다.

물건뿐만 아니라 사람도 그렇다. 겉보기에는 냉정한 듯한 사람이 의외로 속정이 깊은 사람이 있다. 겉은 천사 같은 얼굴인데 속은 악마 같은 사람도 있다. 겉보기와 속보기가 이렇게 다르다.

겉모양만 보고 모든 것을 판단하는 것은 성급한 것이다. 맛있는 음식도 원료 그대로일 때는 화려해보이지 않는다. 화려한 귀금속도 원석(原石) 그대로일 때는 화려해보이지 않는다. 사람도 외모만으로는 깊은 속을 알 수 없다.

그것이 정말 쓸모 있는 귀중한 것인지는 써보아야 안다. 훌륭한 사람인지 아닌지는 그가 행동하는 것을 보아야 안다. 미리 어떤 선입견을 가지고 좋다, 나쁘다고 판단하는 것이야말로 우리가 경계해야 할 일이다.

가장 좋기는 겉과 속, 명(名)과 실(實)이 같은 것이다. 그러나 세상의 모든 존재가 반드시 그렇게 되어 있는 것이 아니라면, 겉모양이 거칠다고 미리 속까지 그렇게 보면 안 된다. 오히려 겉이 거칠수록 속은 예쁘고, 겉이 예쁠수록 속은 거친 예가 더 많다는 것을 알아야 한다. '뚝배기보다 장맛'이란 속담도 있지 않은가.

한 개 때문에 잃어버린 열 개

원숭이 한 마리가 있었다. 원숭이는 밭에서 콩 한 움큼을 얻었다. 원숭이는 그것을 잘 보관했다가 배가 고프면 먹으려고 나무 위로 올라갔다. 그러다가 잘못해 그만 콩 한 개를 떨어뜨리고 말았다.

'이 흉년에 콩 한 개면 얼마나 요긴한 먹이인가. 그런데 한 개를 떨어뜨렸으니 너무 아깝구나.'

원숭이는 떨어진 콩을 줍기 위해 손에 들고 있던 콩은 버려 버리고 나무 밑으로 내려왔다. 그러나 처음에 떨어뜨린 콩은 찾지 못했다. 그래서 이번에는 조금 전에 버린 콩을 다시 주우려고 했다. 그런데 그 콩은 닭과 거위가 다 주워 먹어버렸다. 원숭이는 콩 한 개를 주우려다가 손에 있던 콩마저도 다 잃고 말았다.

사람은 누구나 원대한 꿈과 이상을 가지고 살아간다. 가난한 사람의 꿈은 많은 재산을 모아 남부럽지 않게 살아보는 것이다. 지위가 낮은 사람은 높은 벼슬에 올라 아랫사람을 부려보는 것이 꿈이다. 운전기술이 미숙한 초보운전자의 희망은 하루 속히 숙련된 운전기술을 습득하는 것이고 성적이 떨어지는 학생은 다음 번 시험 때는 더 좋은 성적을 올리는 것이 꿈이다. 사이가 나쁜 부부는 화목과 사랑을 되찾는 것이 희망이고, 학문을 하는 학자는 세상이 깜짝 놀랄 만한 연구업적을 내는 것이 삶의 목표다. 이렇게 사람들은 꿈과 희망을 가슴 가득 품고 살아간다. 만약 사람들에게서 꿈과 희망을 빼앗아 간다면 인생은 광막한 광야를 헤매는 쓸쓸한 나그네 신세를 면치 못할 것이다. 실로 꿈과 희망은 인생을 향상(向上)으로 이끌어 가는 원동력이다.

모든 사람이 꿈과 희망을 가지고 살아가지만, 그러나 모든 사람이 다 꿈과 희망을 이루는 것은 아니다. 인생이라는 넓은 뜰에서 꿈과 희망을 이루는 사람은 많지 않다. 진실을 말한다면 더 많은 사람이 절망과 좌절의 골짜기에서 헤맨다. 왜 그럴까. 사람들은 왜 꿈과 희망을 이루기보다는 좌절과 절망의 늪에 빠지는 것일까.

그 이유 가운데 하나를 지적한다면 보잘 것 없는 것에 욕심을 내기 때문이 아닌가 싶다. 무슨 말인가 하면 버려야 할 것을 버리고, 포기해야 할 것을 포기하지 못하는 데서 오히려 더 큰 것을 상실하고 마는 것이 아니냐 하는 것이다.

어떤 일을 이루고자 한다면, 다른 어떤 것은 포기해야 한다. 만약 어떤 학자가 좋은 논문을 쓰고자 한다면 그는 다른 많은 즐거움을 포기해야 한다. 매일같이 친구들과 어울려 술타령이나 한다거나 좋은 보직(補職)을 바라고 손바닥 비비는 일에만 충실한다면 그는 결코 좋은 논문을 쓸 수 없다. 그는 친구들로부터는 '술 잘 마시는 사람'으로 인정받을지 모르나 '훌륭한 학자'로 인정받을 수는 없다. 인정받기는커녕 학생들로부터 실력 없는 교수로 지목되어 학교에서 쫓겨나는 수모를 겪을지도 모른다.

다른 모든 일도 마찬가지다. 사업을 하는 사람이 매일같이 주색잡기에 빠지거나 골프채나 휘두르고 다니면 그 결과는 말하지 않아도 뻔하다. 그는 작은 즐거움을 탐닉하다 마침내 사업도 망하고 더 이상 주색잡기에 빠질 수도 없는 비참한 신세를 면치 못하게 된다.

예로부터 '소탐대실(小貪大失)'이라 했다. 작은 것을 탐하다가 큰 것을 잃는다는 것이다. 큰 것을 잃게 되면 탐하던 작은 것들까지 모조리 잃어버리게 된다. 이것이 인생의 원리다.

많은 성공한 사람들을 살펴보면 그들은 버릴 것은 버리고 포기할 것은 포기할 줄 아는 슬기를 가지고 있다. 그들은 버릴 줄 알고 포기할 줄 알기 때문에 더 많은 것을 얻고 더 훌륭한 것을 이루어 낸다. 부처님은 그 대표적인 인물 가운데 한 분이다.

독사를 가슴에 품은 이유

어떤 사람이 길을 가다가 금족제비 한 마리를 얻었다. 그는 몹시 기뻐하며 그것을 늘 가슴에 품고 다녔다.

어느 날 그는 여행을 하다 깊은 강을 건너게 되었다. 그는 품에서 금족제비를 꺼내어 옷으로 싸 머리에 이고 강을 건넜다. 그런 뒤 다시 옷을 입고 금족제비를 가슴에 품고 갔다.

마침 옆에는 같이 강을 건너 온 사람이 있었다. 그는 자기와 같이 옷을 벗고 강을 건넌 사람이 옷을 입고 땅에서 무엇인가 주워서 품에 품고 가는 것이 이상해 물어보았다.

"지금 품에 품고 있는 것이 무엇이오?"

"금족제비요."

"어떻게 구했소?"

"땅 위로 기어가는 놈을 내가 잡아서 품에 품고 다녔더니 이렇게 친하게 됐소."

이 말을 들은 그는 자기도 길을 가다가 무엇이든 기어가는 것이 보이면 품에 넣고 다니리라고 생각했다.

한참을 걸어가다가 그는 독사 한 마리를 발견했다.

'옳지. 나는 저 독사를 품고 다녀야겠다. 그러면 금독사가 되겠지.'

그는 얼른 독사를 잡아서 가슴에 품었다. 그러자 독사는 그 사람의 가슴을 물었다. 그는 독사에 물려 죽었다.

 용기란 인생의 미덕 가운데 하나다. 곤경에 빠졌을 때 불굴의 용기로 그것을 이겨내는 것이야말로 아름다운 일이다. 우리는 가끔 육체적으로나 경제적으로 심각한 곤경에 빠졌던 사람이 역경을 딛고 승리했다는 얘기를 듣는다. 그럴 때마다 느끼는 것은 용기란 참으로 인생을 승리케 하는 원동력이 된다는 점이다. 예로부터 사람들이 용기를 인생의 중요한 미덕으로 간주했던 것은 이런 뜻에서일 것이다.

그러나 여기서 우리가 한 가지 알아두어야 할 것이 있다. 용기란 무조건 앞으로 나아가는 것만을 뜻하지 않는다는 사실이다. 때로는 물러서는 것도 엄청난 용기일 수 있고, 포기하는 것도 용기일 수 있다는 것이다.

예를 들어 아무리 수영을 잘하는 사람도 맨몸으로 수영을 하면서 현해탄을 건너는 것은 불가능하다. 오래 전에 '아시아의 물개'라는 별명을 가졌던 한 수영선수가 현해탄을 건넌 적이 있지만 그도 호위하는 배와 그물망, 후원자들의 식사공급을 받았다. 그는 다만 물에서 나오지 않고 현해탄을 수영으로 건넜을 뿐이다. 그의 도해(渡海)를 결코 낮게 평가하려는 뜻이 아니다. 애초부터 사람의 힘으로 될 수 있는 일이 있고 될 수 없는 일이 있다. 어떤 일은 분명히 용기를 가지고 도전하면 승리할 수 있지만, 아무리 도전해도 실패할 수밖에 없는 일이 있다. 따라서 용기란 도전해야 할 일에 도전하는 힘이지, 무모하게 행동하는 힘이 아니다.

용기와 만용은 다르다. 용기란 가슴속에 넣어 둘수록 아름답고 힘 있는 인생을 사는 재산이 된다. 그러나 만용이란 가슴에 품고 다니면 다닐수록 괴로움과 실패만 가중시키게 된다. 용기는 품고 다니되, 만용은 버려야 한다.

놓쳐 버린 절호의 기회

어떤 가난한 사람이 길을 가다가 금화가 가득한 돈주머니를 발견했다. 그는 매우 기뻐하면서 그 돈주머니에 금화가 얼마나 들어 있는지 세어 보았다.

'한 닢, 두 닢, 세 닢.'

생전 처음 금화를 만져본 그는 너무나 기쁘고 가슴이 떨려서 발걸음을 옮겨 놓을 수가 없었다.

'살다 보니 이런 횡재도 다 있네. 이제 나는 팔자 펴게 됐어.'

그는 기분이 좋아 가던 길도 멈추고 나무 밑에 앉아 금화를 세고 또 세었다. 그러는 사이 저쪽에서 어떤 사람이 급히 낙타를 몰아 이쪽으로 달려왔다. 그는 금화주머니를 잃어버린 주인이었다. 낙타를 탄 사나이는 나무 밑에서 금화를 세고 있는 그에게 물었다.

"그 주머니를 어디서 주웠소?"

"이 나무 밑에서 주웠소."

"그러면 그것은 내 것이다. 내가 조금 전 이 나무 밑에서 쉬었는데 그때 잃어버렸다. 그것을 찾으러 이렇게 왔으니 이제는 돌려주시오."

그는 금화를 다 세어보기도 전에 나타난 주인에게 돈주머니를 돌려 줄 수밖에 없었다. 그는 다 잡았던 횡재를 놓치고 다시 가난한 빈털터리가 되었다.

아무리 인생의 밑바닥을 기는 사람도 평생 동안 서너 번의 기회는 있다고 한다. 그 기회는 소리 소문 없이 그에게 다가왔다가 다시 소리 소문 없이 떠나간다.

소리 소문 없이 다가온 기회를 인생의 전환점으로 삼는 사람은 마침내 절망의 깊은 구렁텅이에서 빠져 나올 수 있지만 그 기회를 제때에 포착하지 못하는 사람은 영원히 전환점을 찾지 못한다.

실제로 우리가 경험하는 바에 의하면 인생은 시소와 같아서 내려가면 올라갈 수도 있고 올라가면 내려갈 수도 있다. 개인에 따라 그 빈도가 다를지 모르지만 상승과 추락은 언제나 함께 있게 마련이다.

상승과 추락이 반복되는 인생, 명암과 행불행이 엇갈리는 인생에서 슬기롭게 살아가는 길은 겸손과 자신감이다. 상승의 기류를 탈때, 사람들은 자칫 오만해지기 쉽다. 반대로 추락의 비운과 맞닥뜨리면 금방 고개를 떨군다. 그러나 기회는 언제나 새롭게 다가온다.

추락하면 다시 상승하고, 상승하면 추락의 위험이 있다. 따라서 상승할 때일수록 겸손을 잃지 말아야 한다. 계속 상승하던 사람이 갑자기 추락하는 것은 대개 겸손이 부족하기 때문이다. 어려울 때처럼 늘 긴장하고 겸손하면 그만큼 상승의 시간은 길어진다. 반대로 추락할 때일수록 자신감을 잃지 말아야 한다. 한 번 추락한 사람이 다시 상승하지 못하는 것은 너무 쉽게 좌절하고 자신감에서 다시 상승의 기회는 만들어진다.

우리에게는 수많은 가능성과 수많은 기회가 열려 있다. 그 가능성과 기회를 내 것으로 만드느냐 마느냐는 상승과 추락의 현실을 어떻게 인식하느냐에 있다. 추락의 길목에서도 상승의 기회를 잡을 수 있고, 상승의 가도에서도 추락의 위험은 사라지지 않는다. 겸손과 자신감을 갖는 사람은 언제 어떤 상황에서도 스스로 전환점을 마련할 수 있다.

우리에게 어떤 기회가 주어질 때 그 기회를 상승의 기회, 전환의 기회로 삼을 수 있도록 늘 겸손하면서도 또 속으로는 자신감을 잃지 말아야 한다.

가난뱅이의 분노

부자와 가난뱅이가 길 하나를 사이에 두고 살고 있었다.

부자의 집은 넓고 호화로웠다. 집에는 없는 물건이 없고, 집안일을 도와주는 사람도 여럿 있었다. 늘 맛있는 음식을 먹었으며 좋은 옷을 입고 지냈다.

이에 비해 가난뱅이의 집은 초라하고 보잘것없었다. 있는 것보다 없는 것이 더 많았다. 그나마 쓸모 있는 물건을 거의 없었다. 음식은 늘 거칠었고 옷은 남루해 바깥출입을 하기가 민망했다.

'아, 나는 전생에 무슨 업보를 지었길래 이리도 가난할까. 저 사람은 무슨 복을 지었길래 저렇듯 부자일까.'

가난뱅이는 부자가 되기 위해 무진 애를 써도 재물이 늘어나지 않자 신세를 한탄했다. 그러던 어느 날 그는 중대한 결심을 했다.

'이렇게 가난하게 살다니, 도저히 부끄러워 견딜 수 없구나. 차라리

내 재산을 모두 내다버리는 것이 낫겠다.'

그는 얼마 되지 않는 가재도구며 재물을 꺼내 모두 강물에 던져버렸다. 이를 본 동네 사람이 이렇게 만류했다.

"여보게, 자네는 아직 살아야 할 날이 더 많이 남았는데 그나마 내버리면 내일은 어쩌자는 것인가. 자네가 가진 것이 비록 적지만 언젠가는 재물을 더 늘릴 수도 있지 않은가."

 가난이 죄는 아니지만 생활을 하다 보면 불편하기 그지없다. 혼자 사는 수도승도 아니고 슬하에 가족이라도 주렁주렁 달고 사는 사람이라면 써야 할 돈이 어디 한두 푼이겠는가. 먹고 입는 것은 그렇다 치고 아이들 학비며, 친척들 경조사, 남들 다 떠나는 여름휴가비 등 이런 것들을 생각하면 머리가 빙빙 돌 지경이다.

그러나 이러한 가난도 따지고 보면 상대적이다. 요즘이야 나라경제가 제법 풍족해져서 배곯고 옷 못 입는 사람이 없지만 옛날에는 먹고 입는 문제가 가장 큰 걱정이었다. '보릿고개'란 말은 얼마 전까지만 해도 한국 사람들이 얼마나 가난했던가를 상징한다. 옛날에 비하면 몰라보게 좋은 세상이 됐다. 적어도 배곯아 죽고 얼어 죽었다는 사람은 이제 없다. 그렇다면 이제 우리에게 가난이란 더 이상 의미 없는 말이 되었어야 옳다. 그럼에도 불구하고 아직도 우리는 많은 사람이 가난에 허덕이고 있다고 말한다. 왜 그런가.

절대적 가난은 없어졌지만 상대적 가난은 계속되고 있다는 얘기다. 과거에 비해 좋아지기는 했지만 잘사는 나라나 다른 이웃에 비하면 아직 우리는 가난의 굴레에서 완전히 벗어났다고 말하기 어렵다. 어떤 의미에서는 사회경제적 부(富)가 풍요하면 할수록 상대적 가난은 깊어갈 수밖에 없다. 옛날에는 부자라고 해봐야 겨우 '만석꾼'이었다. 하지만 요즘 재벌은 그에 비교되지 않는다. 따라서 상대적 빈곤은 만석꾼 시대에 느꼈던 그것보다 훨씬 더 심각하다.

여기서 우리가 한 가지 생각해볼 점은 역사 이래 가난이란 한 번도 그 간격이 좁혀진 적이 없다는 사실이다. 마르크스는 사회경제적 재화를 평등하게 나눔으로써 인간의 완전무결한 행복을 제도적으로 보장하겠다는 공산주의를 내세웠다.

그런데 결과는 어떻게 되었는가. 공산주의는 100여 년 동안 실험을 거듭하다가 결국은 실패로 끝났다. 잘사는 평등이 아니라 못사는 평등의 하향평준화로 인해 자본주의에 비해 절대적 빈곤만 가중시킨 채 몰락의 길을 걸었다. 그렇다면 이 문제에 대한 마지막 처방은 무엇인가.

부처님은 경제적 불평등의 문제는 분배구조를 강화한다고 해결되는 것이 아니라 삶의 방식과 구조를 바꾸고 가치관을 전환해야만 가능하다고 가르친다. 히말라야를 금으로 바꾸어 그것을 소유한다 해도 인간의 탐욕을 충족시킬 수 없다. 인간의 탐욕이 충족되지 않는 한 상대적 빈곤과 박탈감은 여전할 수밖에 없다. 따라서 사람들은 이제부터 '소욕지족(少欲知足)', 즉 작은 욕심으로 만족할 줄 알아야 한다. 어떻게 보면 매우 소극적인 방법 같지만, 아무리 생각해도 이것만이 최선의 해결책인 것을 어떻게 하랴.

부자가 남을 생각해 과시하지 않고 겸손해지는 것도, 가난한 사람이 낙망하지 않고 당당해지는 것도 그 출발은 바로 소욕지족에 있음을 알아야 한다.

환각제 먹고 신세 망친 소년

유모(乳母)와 어린 소년이 함께 길을 가고 있었다. 유모는 어린 소년을 데리고 여행을 하느라 몹시 지쳤다. 그녀는 잠시 나무 밑에 앉아 쉬다가 깜빡 잠이 들었다.

그때 어떤 사람이 길을 지나다가 이들을 보았다. 그는 어린 소년이 제법 좋은 옷을 입고 보석까지 가지고 있는 것을 보자 슬그머니 욕심이 생겼다. 나그네는 자기가 가지고 있던 환희환(歡喜丸)을 어린 소년에게 주었다.

어린 소년은 그 약을 받아먹고 이상하게 기분이 좋아졌다. 그 소년은 자기 자신을 돌볼 수 없을 만큼 흥분된 상태가 되었다.

나그네는 유모는 아직 잠에서 깨어나지 않고, 소년은 정신이 몽롱해 있는 상태를 확인하고 소년이 가지고 있던 패물과 유모의 보따리 속에 들어 있던 쓸 만한 물건을 모조리 빼앗아 가지고 갔다.

어린 소년은 남이 자기 물건을 가져가는데도 약 기운 때문에 기분이 좋아져서 그냥 보고만 있었다. 잠시 후 유모가 잠이 깨어 보니 벌써 나그네 도둑이 좋은 물건을 다 집어가고 아무 것도 없었다.

 청소년의 약물복용 문제가 점점 심각한 사회문제가 되고 있다. 약물을 복용하고 환각 상태에서 쾌락을 추구하거나 폭행, 살인, 절도 등의 범죄를 일으키고 있다.

이 같은 문제는 요즘 청소년들이 옛날의 청소년보다 특별히 나빠서가 아니라 사회적 환경에 의한 경우가 더 많다. 성인사회의 향락적 소비문화가 정서적으로 민감한 청소년들에게 그대로 전이(轉移)돼 걷잡을 수 없는 유행병처럼 번지고 있는 것이다. 이로 인해 많은 청소년들이 밝고 건강한 문화를 갖지 못하고 퇴폐적이고 타락한 행동을 일삼고 있는 것은 안타까운 일이다.

퇴폐적 향락문화는 한 번 빠지면 좀처럼 벗어날 수 없는 늪과 같다. 이상과 열정에 불타야 할 청소년이 이 늪에 빠지면 그 피해는 청소년 자신이 아니라 가족과 사회 전체가 입는다. 강간, 폭행 등 청소년들이 약물을 복용하고 저지르는 우발적, 충동적 범죄로 얼마나 많은 사람이 고통을 당하고 있는가.

청소년의 약물복용과 그로 인한 범죄를 막아내기 위해서는 어른 사회의 문화가 건강해져야 한다. '윗물이 맑아야 아랫물이 맑다'는 속담은 청소년 문제의 원인을 진단할 때 꼭 들어맞는다. 인생을 망치는 줄도 모르고 환각약물을 먹으려는 그들에게 그런 약을 파는 어른들이야말로 혼이 나고 벌을 받아야 한다. 그들도 자식을 키울 텐데 자기 자식에게도 그런 것을 팔지 궁금하다. 내 자식에게만큼은 절대 그런 일이 없기를 바란다면, 그리고 내 가족이나 자식을 비행청소년의 충동범죄로부터 보호하고 싶다면, 어른들부터 먼저 자성해야 한다. 그렇지 않는 한 청소년비행은 절대 사라질 수 없다.

난처한 일 떠넘기기

어떤 노파가 나무 밑에 앉아 쉬고 있는데 난데없이 곰 한 마리가 덤벼들었다. 노파는 얼른 일어나 나무 뒤로 달아났다.

곰은 한쪽 손으로 나무를 붙잡고, 또 한쪽 손으로는 노파를 잡으려 했다. 노파는 살짝 옆으로 도망을 치듯이 하면서 곰이 두 손으로 나무를 껴안도록 했다. 그리고는 잽싸게 곰의 두 팔을 꼭 눌러서 꼼짝 못하게 만들었다.

그때 마침 나그네 한 사람이 그 옆으로 지나갔다. 노파가 그에게 말했다.

"여보시게, 내가 지금 이 곰을 잡으려고 하네. 이렇게 곰을 꼼짝 못하게 나무에 묶어 두었으니 이제 우리 둘이 힘을 합쳐 곰을 잡아 고기를 나누세."

나그네는 노파의 말을 듣고 귀가 솔깃해졌다. 잘하면 맛있는 곰

고기를 싫도록 먹을 수 있을 것 같았다. 그는 노파가 시키는 대로 나무를 안고 있는 곰의 두 손을 대신 꼬옥 눌러 주었다. 그러자 노파는 얼른 곰에게서 손을 떼고 멀리 달아났다. 나그네는 노파가 잡고 있던 곰의 두 손을 뗄 수도 없고 그대로 잡고 있을 수도 없는 난처한 상황에서 그냥 곰의 두 손을 꼭 누르고 있을 수밖에 없었다.

자기에게 닥친 일은 싫든 좋든 자기가 해결해야 한다. 설사 그 일을 해결하다 불행을 맞이한다고 해도 자기 일은 자기가 해결해야 한다. 만약 자기에게 닥친 일 가운데 좋은 것만 자기가 하고 나쁜 것은 남에게 떠넘기려 한다면 그는 부도덕하고 치사한 인간이다.

자기에게 닥친 일을 남에게 전가하려는 이유는 간단하다. 인간의 내면에 뿌리박고 있는 이기주의를 털어내지 못하고 있어서다. 남이야 죽든 말든 나만 위험에서 벗어나고 편안하면 그만이라는 극단적 이기주의가 책임전가를 불러온다.

물론 모든 사람에게는 어느 정도 자기 이익을 먼저 생각하는 이기주의가 다 있다. 이것은 어쩔 수 없다. 하지만 그것은 최소한 다른 사람에게 결정적인 손해를 끼치지 않는 범위 내의 것이어야 한다. 이것을 외면하면 인간사회는 동물사회나 다름없다.

인간이 동물보다 나은 점이 있다면 이기주의를 이타주의(利他主義)로 바꾸려는 노력이 있기 때문이다. 이타주의는 내가 먼저 남의 어려움을 걱정해줌으로써 남도 나를 위하도록 하는 논리를 바탕에 깔고 있다. 실로 인간을 인간답게 하는 것은 이 이타주의에 있다. 사랑이니 자비니 인(仁)이니 하는 종교적 성인들의 가르침도 이 이타주의에 다름아니다.

이타주의는 누가 먼저 요구할 성질의 것이 아니다. '내가 어려우니 당신이 좀 도와주시오' 하는 요구는 나의 이기주의적 표현이다. 그런 강요는 진정한 이타주의를 끌어내지 못한다. 이타주의는 '당신의 어려움을 내가 돕겠다'는 자발성에 기초한다. 이 자발적 이타주의는 인간이 생각해낸 최상의 도덕률이다. 이를 이용해 책임을 전가하거나 부조(扶助)를 강요하는 행위는 도덕적 파산자들이나 하는 짓이다.

'이기주의를 이기는 길은 이타주의밖에 없다'고 말하면 그것은 '종교인들이나 할 일이지 세속인들에게는 비현실적인 요구'라고 일축하는 사람이 있다. 살벌한 생존경쟁이 계속되는 현실을 생각하면 옳은 말인 듯하기도 하다.

그러나 다시 한 번 생각해보자. 사람마다 자기 욕심만을 채우기 위해 극단적 이기주의에 빠진다면 인간은 어떻게 되겠는가. 과연 나 혼자만의 이기주의적 욕망이 충족될 수 있는가? 결코 그렇지 않다. 이기주의가 강고하면 할수록, 자기 책임을 남에게 전가하고 회피하려 할수록, 일은 도리어 꼬이고 문제는 더 심각해진다.

반대로 서로 이타주의적 사고와 행동으로 신뢰를 구축해 간다면 어떻게 되는가. 자신 있게 말할 수 있는 것은 '거기에 바로 살 길이 있다'는 것이다. 굳이 부처님의 가르침을 들먹이지 않아도 해결의 실마리는 이것밖에 없다.

자신의 이익을 위해 남에게 책임을 전가하는 행위는 인간으로서 가장 치사한 짓이다. 자기가 책임질 일은 당당하게 자신이 책임지려고 할 때 도와주는 사람이 생기고 동정해주는 사람이 생긴다. 내가 한 일을 남이 했다고 미루면 그에게 돌아오는 것은 비난과 따돌림밖에 없다. 이런 사람에게 이웃은 절대로 이타적(利他的) 후원이나 동정을 보내지 않는다.

간음하다가 맞아 죽은 사나이

    한 사나이가 있었다. 어쩌다 그는 남의 아내와 깊은 관계를 맺게 되었다. 그날도 사나이는 아무도 몰래 정부의 집으로 찾아 들어갔다. 두 남녀는 이내 벌거숭이가 되어 정사(情事)를 벌였다. 그러나 꼬리가 길면 밟힌다고 그날따라 일을 나갔던 정부의 남편이 일찍 돌아왔다. 그는 자기 집 침실에서 외간남자와 아내가 못된 짓을 하는 것을 알고 격분했다. 그는 아내의 정부를 죽이려고 문 밖에서 나오기를 기다렸다.

    "큰일났어요. 우리 남편이 알고 밖에서 당신을 죽이려고 기다리고 있어요. 당신이 살아날 길은 오직 저 마니를 통해서 밖으로 나가는 거에요."

    '마니'란 그 나라 말로 '수챗구멍'이란 뜻이었다. 그런데 그는 마니를 마니주(여의주)로 잘못 알아들었다.

"마니주? 마니주를 찾으라고. 그것을 찾아야 살아 나갈 수 있단 말이지."

그는 허둥지둥 마니주를 찾으려 했다. 그 사이에 여자의 남편이 뛰어들어와서 아내와 통정을 한 그를 몽둥이로 사정없이 때려서 죽이고 말았다.

🐤 🐤 🐤   결혼한 부부가 순결의 의무를 지키지 않고 아내나 남편 외의 어떤 사람과 통정을 했다면 도덕적 비난은 물론, 법률적 처벌도 해야 한다는 주장을 놓고 찬반논쟁이 뜨겁다. 한쪽은 처벌해야 한다는 것이고 또 한쪽은 처벌은 불가(不可)하다는 주장이다.

서양 사람들은 이 문제에 대해 대체로 개인의 자유와 관련해 생각하는 듯하다. 즉 결혼한 남녀가 남편이나 아내 외의 대상과 간음을 하더라도 그것은 어디까지나 개인의 자유에 속하는 문제이므로 처벌해서는 안 된다는 것이다. 다만 결혼의 순결 의무를 어긴 것이므로 이혼 사유가 되며, 이 경우에 이혼 사유를 제공한 사람은 상대방에게 끼친 육체적, 정신적 피해를 보상해야 한다는 것이다.

이에 비해 동양 사람들, 특히 유교문화의 도덕적 가치에 충실한 나라에서는 도덕적 의무규정을 어긴 것이라 하더라도 처벌해야 한다는 것이다. 특히 결혼은 인륜(人倫) 가운데서도 큰일이므로 개인의 도덕적 의무를 다하지 않은 사람에 대해 처벌할 수 있어야 한다는 주장이다. 다만 이 경우라도 친고죄(親告罪)를 적용해 피해자의 고발이나 고소가 없으면 처벌할 수 없도록 하고 있다.

이 문제에 대해서는 서로 이론(異論)이 뜨겁기 때문에 함부로 잘라서 이렇다 저렇다 할 수 없는 특성이 있다. 하지만 한 가지 분명한 것은 결혼한 부부가 배우자 이외의 상대와 통정하는 행위 자체를 합리화시킬 수 없다는 사실이다. 설사 그것이 '개인의 자유'에 속하는 문제라 하더라도, 그로 인해 다른 사람이 물심양면으로 고통을 당하고 피해를 입었다면 결코 옳은 일이 아니다.

그로 인해 고통받는 사람이 있다면 어떤 식으로든 사회적으로 규제하는 것이 당연한 것이 아닐지. 마치 개인의 자유를 이유로 공공의 질서나 사회의 이익에 반하는 행위를 하는 사람을 처벌하는 것과 같은 이유에서다. 하긴 상식이라는 것이 '개인과 사회가 공감하는 것'을 의미한다고 할 때 가치관이나 규범이 바뀌면 상식도 바뀔 수밖에 없는 것이기는 하지만.

이 문제는 따지면 따질수록 골치 아픈 문제다. 바라기로는 이 세상의 모든 부부가 이런 문제로 고통받지 않고 진정으로 배우자를 사랑하며 살아가는 것이다. 설사 그것이 쉽게 되지 않는다고 하더라도 진실로 그렇게 되도록 노력하면서 살아가는 데서 결혼의 아름다움이 꽃처럼 피어날 수 있으리라.

수비둘기의 오해

비둘기 한 쌍이 있었다. 비둘기 부부는 가을이 되자 잘 익은 과일을 물어다가 둥지를 가득 채웠다. 겨울 동안 바깥출입도 어렵고, 양식 구하기도 어려울 것 같아 미리 식량을 준비해 놓은 것이었다.

그런데 며칠이 지나자 이상한 일이 생겼다. 둥지에 가득 채워둔 식량이 어느 틈엔가 바짝 말라서 반으로 줄어들었다. 이를 본 수컷이 화를 내면서 말했다.

"이 과일을 모으느라고 얼마나 애를 썼는데 당신 혼자 먹으면 어떻게 해. 겨울이 되면 또 무엇을 먹고 살겠다는 거야!"

암컷은 억울했다.

"나는 절대로 먹지 않았어요. 저절로 줄어들었어요."

암컷의 변명에 수컷은 더욱 화가 났다.

"이 앙큼한 도둑년. 네가 먹어치우지 않았다면 내가 먹었단 말이냐. 왜 먹고도 먹지 않았다고 거짓말을 하는가?"

수컷은 화를 참지 못하고 주둥이로 암컷을 쪼아 죽였다.

며칠이 지나서였다. 갑자기 늦가을 비가 내렸다. 바짝 말라 비틀어 졌던 과일이 다시 불어나 전과 같이 둥지에 가득해졌다. 그제서야 수 컷은 자기의 잘못을 깨달았다.

"여보, 내가 잘못했소. 지금 당신은 어디에 있소? 다시 살아서 나 에게로 돌아와주오."

그렇지만 한 번 죽은 암컷이 다시 살아 돌아올 수는 없었다. 수비 둘기는 홀아비가 되어 쓸쓸하게 살아갔다.

 옛날에는 결혼이 대개 중매로 이 루어졌다. 중매라 하더라도 요즘과 같이 본인들이 마주앉아 맞선 을 보고 결정하는 것이 아니라 양가 부모들이 중매인을 만나 자식 의 배우자를 선택하는 식이었다. 이렇게 해서 결혼한 부부였는데도 평생을 큰 탈 없이 살아갔다. 결혼 첫날에야 배우자의 얼굴을 보 고, 그때부터 사랑을 익혀갔기 때문이었다.

요즘의 결혼풍속은 옛날과 사뭇 다르다. 부모가 아무리 마음에 들어도 본인의 의사에 맞지 않으면 성혼(成婚)이 되지 않는다. 대개 의 신혼부부들은 중매쟁이를 끼워 맞선을 보는 고전적 방식보다는 연애를 통해 배우자를 물색한다. 결혼이란 사랑을 전제로 한 것이 므로 좋아하는 사람과 결혼하는 것은 당연한 것이다.

그런데 연애결혼이 거의 전부를 차지하는 요즘의 신혼부부들은 과거에 비해 이혼율이 엄청나게 높아지고 있다. 사랑하기 때문에 결혼했는데, 결혼하고 보니 평생의 반려로는 상대가 맞지 않는다는 것이다. 사랑도 모르고 결혼한 옛날 부부들은 평생을 해로하고, 사랑하기 때문에 결혼한 요즘 부부들은 금방 파경을 맞는다니 아이러니가 아닐 수 없다.

파경을 맞은 부부들의 이혼사유 가운데 으뜸을 차지하는 것은 성격차이, 그 다음이 배우자의 부정 순이라고 한 통계는 발표하고 있다. 옛날이라고 이런 문제가 전혀 없지는 않았을 텐데 그때는 이혼이 별로 없었던 것은 사회제도나 문화적 인식의 변화와 관계가 있지 않을까 추측된다.

이혼의 원인을 따져보면서 한 가지 이상한 생각이 드는 것은 '성격차이'란 도대체 어떤 것일까 하는 점이다. 성격차이란 글자 그대로 성격이나 생각이 맞지 않는다는 말이다. 그러나 이것은 당연한 것이 아닐지. 사람마다 성장환경이 따르고 생각이 다른데 어떻게 성격의 일치를 기대할 수 있단 말인가. 지금 결혼생활을 잘하고 있는 사람도 반드시 성격이 맞아서는 아니다. 서로 다른 점, 맞지 않는 점도 많지만 조금씩 양보하고 참으면서 그것을 사랑으로 극복해 가고 있다는 것이 보다 솔직한 현실이 아닐까.

그렇다면 부부 사이의 불화나 갈등은 서로 인내할 줄 모르며, 상대방을 진심으로 이해하지 못하는 데서 생기는 것이라고 밖에 볼 수 없다. 설사 배우자에게 어떤 허물이나 약점이 있다고 해도, 남편이니까 아내니까 하고 감싸주고 이해하는 데서 사랑은 성숙되는 것이다. 만약 어느 한쪽이 자기중심적으로 생각하고 행동한다면 '사랑의 종말'은 필연적일 수밖에 없다.

작은 일로 오해하고, 그 오해의 씨앗을 더욱 키워 마침내 돌이킬 수 없는 상황으로까지 이끌어 가는 부부가 있다면 이런 것을 한번 생각해보는 것이 어떨지. 즉 결혼해서 지금까지 배우자가 나에게 얼마나 헌신적이었으며, 서로는 그로 인해 얼마나 행복했던가를 떠올리는 것이다. 그리고 또 자신은 배우자에게 얼마나 깊은 사랑의 표현을 해주었는지를 추억하는 것이다. 그러면, 지금은 원수처럼 미운 배우자가 훨씬 더 아름다워 보일 것이다.

이런 노력을 1년쯤 더 해보고 이혼이라는 극약을 먹어도 결코 늦지 않다.

자기 눈을 멀게 한 사람

조각을 잘하는 장인(匠人)이 있었다. 그는 기술이 뛰어났기 때문에 궁중에 불려가 여러 가지 일을 했다.

궁중의 일은 하루도 쉴 틈이 없었다. 자유도 없었고 몸도 고단해 견딜 수 없었다. 그는 궁리 끝에 한 가지 꾀를 냈다.

"대왕이시여, 저는 이제 더 이상 조각가로서 일할 수 없게 되었습니다. 어제 일을 하다가 눈을 다쳐 그만 실명(失明)을 하였습니다."

왕은 그가 거짓으로 장님 노릇을 하는 줄 모르고 그렇다면 이제 쓸모가 없으니 궁중을 떠나도 좋다고 허락했다.

함께 일하던 목수가 이를 보고 흉내를 냈다. 그러나 그는 조각가가 거짓으로 장님 행세를 한 줄 모르고 실제로 자기의 두 눈을 송곳으로 찔러 장님이 되었다.

"대왕이시여. 저도 두 눈이 멀었습니다. 밖으로 내보내 주소서."

왕은 그도 궁중에서 나갈 수 있도록 허락했다. 그가 궁 밖으로 나오자 사람들이 말했다.

"이 사람아, 두 눈이 장님이 돼서 밖으로 나오면 뭐하나. 이제부터 자네는 평생토록 고생만 하게 생겼네."

언젠가 증권시장이 폭발적인 활황(活況) 국면에 이르렀을 때의 일이다. 증권에 투자를 하면 떼돈을 번다는 소문이 퍼지자 시골에서 농사를 짓던 사람들까지 논 팔고 소 팔아 증권을 사들였다. 그러나 얼마 뒤 증권시장이 냉각되면서 그들은 돈도 날리고 논밭도 날린 빈털터리가 됐다.

부동산경기가 하늘 높은 줄 모르고 뛰었을 때도 그랬다. 가난한 사람들은 빚까지 얻어 가며 집을 샀다가 경기(景氣)가 침체되자 큰 고통을 겪어야 했다.

부동산이나 증권이 갑자기 호황을 누리다가 급격히 냉각하는 것은 조작적 경제정책에 의한 것이다. 원인을 따진다면 선량한 서민을 우롱한 정책당국자나 그 사이에서 교묘하게 이익을 챙긴 간상모리배(奸商謀利輩)에게 1차적인 책임을 물어야 한다. 그러나 책임은 책임이고 그에 따른 직접적 희생자는 남이 장에 가니까 거름 지고 따라간 사람이다. 이들에게는 부화뇌동의 책임이 있다.

다른 사람이 성공했다고 그 성공이 곧 나의 것이 될 수는 없다. 더욱이 성공의 구체적 방법도 모르면서 그저 남이 성공했다니까 그것만 부러워서 따라 하는 행위는 반드시 실패를 자초한다. 세상 물정을 너무 외면하는 것도 곤란하지만 숭어가 뛴다고 망둥이도 따라서 뛸 일은 아니다. 그보다는 묵묵히 자기 길을 가는 사람, 그런 사람은 좀 답답할지는 모르지만 쉽게 넘어지지는 않는다. 과시적 낭비와 사치가 물결을 이루는 세상이다. 남들은 좋은 옷 입고 자동차 타고 근사한 곳을 다닌다. 그것이 부럽다고 전세 보증금 빼서 비단옷 입고 고급차 타고 다니면 뒷일을 누가 책임지는가.

분수를 지키는 것도 지혜다.

배신자의 말로

길을 가다 우연히 만난 두 사람이 길벗이 되어 거친 들판을 지나가고 있었다. 그들은 금을 다루는 세공사들로 봇짐 속에 적지 않은 금을 가지고 있었다.

얼마쯤 길을 가다가 도둑을 만났다. 한 명의 금세공사는 재빨리 숲속으로 달아났으나 함께 가던 사람은 도둑에게 잡혀 봇짐은 물론이고, 입고 있던 비단옷마저 모조리 빼앗겼다.

옷을 빼앗긴 사람은 일찍이 옷 속에 금전 한 닢을 감추어 두었다. 그래서 그는 도적에게 말했다.

"이 옷은 금전 한 닢에 해당되는 옷이다. 내가 너희에게 금전 한 닢을 구해줄 테니 이 옷과 바꾸자."

"금전 한 닢? 좋다. 바꾸자. 그 돈은 어디에 있는가?"

"바로 이 옷소매 끝에 있다."

그는 옷소매를 뜯어서 도둑에게 주면서 이렇게 덧붙였다.

"바로 이것이 순금이다. 내 말이 믿어지지 않으면 저쪽 숲 속에 금세공사가 숨어 있으니 그에게 물어보아라."

도둑들은 좋아라하며 숲속으로 달려가서 숨어 있던 금세공사를 찾아내서 그의 봇짐과 보물마저 빼앗았다. 물론 비단옷도 돌려주지 않고 가져갔다.

무술영화나 갱영화의 스토리에는 약속이나 한 듯이 정해진 하나의 공식이 있다. 악당이 주인공의 사랑하는 가족이나 연인 등 소중한 사람들을 인질로 잡아가서 주인공의 은신처를 캐내는 것이다. 온갖 잔인한 방법의 고문이나 회유를 통해 악당들은 중대한 정보를 캐낸다. 그리고 쓸모가 없어지면 미련 없이 정보원을 살해한다.

이는 영화의 줄거리에 극적인 흥미를 첨가하기 위해 배치한 것이겠지만 실제로 우리가 살고 있는 현실에도 비슷한 일이 비일비재하다. '산업스파이'도 여기에 해당하는 한 예다.

한 기업이 많은 자본과 인력을 투입해 개발한 산업정보가 경쟁 회사에서 매수한 산업스파이에 의해 새어나간다. 이때 스파이역을 하는 사람은 영화에서처럼 전문적인 첩보원이 아니다. 그 회사에서 직접 개발에 참여했던 사람을 스카우트 형식으로 빼오는 것이다. 이렇게 되면 독립개발기술이 금방 무색해지게 된다.

치열한 기업경쟁에서 상대방의 고급 기술정보를 손쉽게 빼낼 수만 있다면 기업의 생리상 그렇게 해도 괜찮을지 모른다. 그러나 이 과정에서 희생되는 것은 '인간'이다. 기술정보란 사람에 의해서 유출되거나 빼돌려진다. 이때 이용당하는 사람은 눈앞의 돈 몇 푼 때문에 동료와 회사를 배신해야 한다. 한 번의 배신으로 일확천금을 보장받을 수 있다는 미끼가 던져진다면 누구라도 한 번쯤은 무지개 같은 환상을 그려보게 된다.

하지만, 과연 그 같은 행위가 자신의 미래를 보장해주는가. 결코 그렇지 않다. 영화에서 보듯이 정보를 넘겨주면 신의 따위는 더 이상 쓸모가 없다. 그 자리에서 살해하거나 아니면 비참한 꼴로 살아가도록 만든다. 어차피 도덕성을 바탕으로 한 흥정이 아니므로 그들에겐 아무런 죄의식도 없다.

정보를 팔고 설사 대가를 받아 풀려났다고 해도 마찬가지다. 그는 평생을 죄인이 되어 하늘을 쳐다보지 못하고 살아간다. 산업정보를 빼낸 사람도 마찬가지다. 당장은 높은 직위, 금전적 보상이 따를지 모르지만 그것으로 끝이다. 언젠가 쓸모가 적어지면 버림을 받는다. 이것이 신의를 저버린 사람의 말로다.

정보를 사고 파는 얘기를 했지만, 순간의 유혹을 못 견딘 사람의 말로가 어디 산업스파이뿐이겠는가. 학자가 한순간의 출세를 위해 자기의 신념을 버리고 곡학아세(曲學阿世)하는 것이나 남편 있는 여자가 일상의 지루함을 떨친다며 춤바람이 나서 돌아다니는 것이나 모두 같은 맥락이다.

지조와 신의를 지키는 일이 잠시 동안은 괴로운 일일지 모른다.

그렇지만 오래도록 더 괴로운 일은 아니다. 반대로 잠시 동안의 즐거움을 위해 처신을 함부로 하면 평생을 후회한다. 이 점을 잊지 말아야 한다.

어리석은 자의 책임

어떤 어린아이가 놀다가 큰 거북이 한 마리를 잡았다. 아이는 문 득 친구네 집 벽에 걸려 있던 박제가 생각났다.

'옳지, 나도 이 거북이를 죽여서 박제를 만들어야지. 그러면 그 친 구도 나를 무시하지 못할 거야.'

그러나 아이는 거북이를 죽이는 방법을 몰랐다. 마침 그때 어떤 아 저씨가 아이 옆으로 지나갔다. 아이는 그에게 물었다.

"아저씨. 어떻게 해야 이 거북이를 죽일 수 있어요?"

"응, 그거야 간단하지. 물에 빠뜨려서 죽이면 된단다."

아이는 그 말을 믿고 거북이를 물속에 던졌다. 그러나 이게 어찌된 일인가. 물속으로 던져진 거북이는 죽기는커녕 재빨리 헤엄쳐서 바다 가운데로 도망치는 것이 아닌가.

아이는 남의 말을 잘못 믿다가 거북이만 놓치고 말았다.

이 세상에는 수많은 종교의 가르침이 있다. 모든 종교는 각기 자기의 가르침이 최고의 것이고 다른 종교는 저열하거나 헛된 것이라고 말한다.

종교만이 아니다. 숱한 명인달사(名人達士)는 제각기 옳은 소리를 한다. 신문이나 방송, 잡지나 책에 나오는 칼럼을 읽으면 모두가 지당한 말씀 같다.

어떤 말씀을 듣다 보면 사람을 죽이는 짓도 나쁜 행위가 아닌 듯하다. 폭력에 대항하기 위해 더 강력한 폭력을 휘둘러야 한다는 주장도 있고, 간음이 왜 죄가 되느냐는 논설도 있다. 온갖 도덕은 쓸모없는 휴지 조각이고, 인간의 감정과 본능에 충실해야 정직하다는 방송도 있다. 과연 그런가. 무엇이 참으로 옳고, 무엇이 참으로 그른가.

승찬이라는 중국의 고승은 처음에는 터럭만큼 틀린 것이 나중에는 하늘과 땅 사이로 벌어진다고 했다. 백두산 천지에 떨어진 물도 한 방울은 두만강으로 흐르고, 한 방울은 압록강으로 흐른다. 처음에는 조금 벌어진 차이가 이렇게 크다.

그렇다면 우리는 정신을 똑바로 차리고 옳은 말, 바른 가르침을 배워야 한다. 가르치는 사람이 문제가 아니라 배우는 사람이 문제라는 얘기다. 특히 모든 정보란 정보는 다 노출돼 정보가 홍수를 이루는 시대는 더욱 그러하다.

그러면 무엇이 옳고 유익한 가르침인가. 첫째는 그것이 보편적 상식에서 벗어나는 것이 아니어야 한다. 아무리 기발한 이론이나 사상이라 하더라도 합리적 이성에 의한 보편적 상식에서 어긋나는 것이면 일단 주의해야 한다. 둘째는 그것이 박애를 바탕으로 한 것인가에 관심을 가져야 한다. 자비라고 해도 좋고 사랑이라 해도 좋다. 그것을 외면한 것이면 곤란하다. 셋째는 개인적 이익을 추구할 의도가 배경에 깔려 있는 것인가 아닌가를 따져볼 일이다. 본래 미묘한 말일수록 그 이면에는 남을 속여 자신의 이익을 챙기려는 의도가 있는 경우가 많다.

지금까지 수많은 종교와 접촉하고 수많은 책을 읽은 독자들은 이런 기준으로 그것들을 대하여야 한다. 그렇지 않으면 자칫 속아 넘어갈 위험이 있다. 이 책을 읽는 독자도 마찬가지다.

더 이상 쓸데없이 남의 말에 속지 않기 위해서는 먼저 자기 스스로 지혜의 눈을 가져야 한다. 거북이 박제를 만들려다가 바다에 놓아주는 어리석음은 일차적으로 자신의 책임이기 때문이다.

죽는 법을모르는데
사는 법을어찌알랴

초판 1쇄 펴낸 날 2015년 5월 8일

엮은이 조오현
펴낸이 이규만
책임편집 위정훈
디자인 강국화
펴낸곳 참글세상
출판등록 2009년 3월 11일(제300-2009-24호)
주소 서울시 종로구 인사동 7길 12 백상빌딩 1305호
전화 02-730-2500
팩스 02-723-5961
이메일 kyoon1003@hanmail.net

ISBN 978-89-94781-36-5 (03220)

값 15,000원